군주론

군주론

니콜로 마키아벨리 지음 | 김종법 번역·해설

근대 국가를 규정할
새로운 군주의 탄생

arte

차례

해설

서문

『군주론』 번역과 해설의 이상과 현실

1996년 이탈리아 유학의 동기가 그람시였다. 그람시에 대한 학문적인 열망과 호기심은 그람시에 대한 천착이 아닌 그람시를 만들게 한 이탈리아 역사와 정치사상에 대한 폭넓은 독서와 분석으로 시작되었다. 한 사람에 관한 연구가 일반적으로 집중적으로 이루어지는 한국적인 학문 풍토에서는 이해하기 어려운 상황과 분위기였다.

마키아벨리에 대한 독서와 해석의 중요성 역시 그람시 연구에 좀 더 집중하고 싶었던 저자에게는 '어째서'라는 의문이 들 정도로 이해하기 어려운 사안이었다. 그런데 마키아벨리를 읽고 이탈리아 연구 경향들을 이해하기 시작하면서 어째서 그람시에게 마키아벨리가 중요했던가를 깨닫기 시작했다. 그렇게 시작된 것이 이탈리아 정치사상사와 주요 사상가들에 관한 연구였다.

현대 정치학의 주요한 출발점으로서 국가, 권력, 공화주의, 정치 참여 등등의 수많은 정치학의 기초를 이해하기 시작했던 계기역시 마키아벨리를 비롯한 이탈리아 정치사상가들을 읽으면서 비롯되었다. 마키아벨리 저작들에 대한 읽기와 연구 역시 그렇게 시작되었고, 마키아벨리의 대표작인 『군주론』 역시 그람시의 이해와 분석을 위한 출발점이었다.

그런데 마키아벨리는 그람시만큼 어려운 정치사상가였다. 그저 마키아벨리즘이나 '목적이 수단을 정당화한다'와 같은 명제로 설명하기에는 더욱 어려운 인물이었다. 게다가 그람시가 사용했던 "현대 군주"의 원형으로서 마키아벨리를 원용했다는 사실은 마키아벨리에 대한 구체적이고 심도 깊은 연구의 필요성이 있었다. 그렇게 시작된 마키아벨리 읽기와 연구는 유학 기간 내내 이어졌고, 미처 알지 못했던 이탈리아적인 마키아벨리를 이해할 수 있었다.

게다가 이탈리아 현대어(표준어)로 기술된 마키아벨리의 『군주론』이 원전이 아니라는 사실은 이탈리어조차 버거웠던 저자에게는 너무나 받아들이기 어려운 현실이었다. 마키아벨리가 『군주론』 집필을 끝냈을 당시에는 르네상스가 끝나가던 시기였기에 라틴어로 저술했을 것이라는 짐작조차 하지 못했다. 그러나 당대 저명한 사상가들이나 저술가들이 라틴어로 글을 쓰고, 저서들을 집필했다는 사실은 어찌 보면 당연할 수도 있었다.

1513년 『군주국에 관해De Principatibus』라는 라틴어 제목의 한 소책자가 피렌체를 비롯한 여러 곳에서 읽히고 보급되었다는 점에서 마키아벨리가 라틴어로 『군주론』을 집필한 이유도 어렴풋이 짐작할 수 있었다. 당대 지식인들이 대부분 라틴어로 글을 작성했으며, 토스카나어라는 피렌체 방언 역시 널리 통용되지 않았던 시기라는 점에서 마키아벨리 『군주론』이 갖는 시사점과 시의성을 이해할 수 있다.

그럼에도 『군주론』이 보다 널리 읽히게 된 계기는 라틴어 판본보다는 토스카나어(피렌체어)로 쓰인 판본이라고 추정된다. 극히 일부 성직자나 지식인들만 읽을 수 있었던 라틴어 판본보다는 비교적 근대 이탈리아어의 원형에 가까운 토스카나어 판본은 일반 대중도 쉽게 읽을 수 있었기 때문이다. 이 책에서 사용된 원본은 토스카나어로 작성된 판본(Niccolò Machiavelli, *Il Principe*, Fabbri Editori, Milano, 1995)이며, 내용에 대한 설명과 해석을 위해서 국가편집본(Niccolò Machiavelli, 2006. *Il Principe*. (Salerno Editrice; Roma). Edizione Nazionale delle Opere 1/1)을 참조했다.

출판사로부터 이 책에 대한 원전 번역을 의뢰받았을 때는 사실 번역의 필요성이나 시급성을 크게 느끼지 못했다. 이미 시중에 많은 번역서가 나와 있었고, 저자 역시 마키아벨리 전공자라기보다는 그람시 전문가라는 점에서 망설여졌던 것도 사실이다. 그러나 출판사의 집요한 청탁 의뢰와 이탈리아에서 수학한 학자로부터 번역서를 출간하고 싶다는 의지 등을 수용해 허락하게 되었다. 그런데 문제는 그 이후에 발생했다. 출판사 내부 사정과 코로나19

팬데믹의 지속 등으로 번역 여건이 마땅치 않았으며, 저자가 2022년 그람시의 『옥중수고Quaderni del car cere』의 원전 번역 사업 선정 등으로 온전하게 『군주론』만을 번역할 수 있는 여건이 아니었다.

우여곡절 끝에 진행된 번역 작업도 너무 쉽게 번역을 생각했던 저자의 오판으로 생각보다 오랜 시간이 소요되었다. 기존 번역서를 잘 참고해서 보강하면 될 것이라는 막연한 생각을 하면서 번역을 시작하였지만, 생각만큼 작업이 진전되지 않았으며, 번역 과정에서 여러 난관에 부닥치기도 했다. 특히 토스카나어 원전 번역의 어려움과 누구나 느끼는 한국어 용어 선택의 문제는 저자에게도 어김없이 다가왔다. 그런 이유로 이 책의 번역 과정에서 저자는 몇 가지 원칙과 기준에 의해 번역을 진행했다.

첫째, 이탈리아어 판본이 아닌 토스카나어 판본으로 번역을 진행한다는 원칙이었다. 비록 번역의 어려움에 직면하면서 번역의 정확성에 대해 고민하였지만, 원전의 의미를 최대한 살리고자 노력했다. 둘째, 기존 번역서들의 입장을 충분히 고려하면서 이탈리아에서의 연구 경향과 해석을 중심으로 해설 부분을 덧붙이고자 했다. 물론 이탈리아 학계의 입장이나 내용이 마키아벨리에 대한 정확하고 올바른 해석과 연구라고 할 수 없을지도 모른다. 그러나 적어도 기존 번역서들이 주로 취하고 있는 영미 계열의 마키아벨리 번역과 해석에 연연하지는 않으려고 노력했다. 셋째, 토스카나어에서 한국어로 번역하는 과정에서 가능하면 문맥과 마키아벨리의 생각이 한국적인 사고에 더욱 적합할 수 있는 윤문 번역을 진행했다. 사실 이 부분이 가장 우려스러운 부분이기도 했지만, 현대적으로 해석되는 마키아벨리 정치사상을 드러낼 수 있는 번역을 위해 나름대로 최선을 다했다.

가장 중요한 또 하나의 기준은 용어 선택의 문제였다. 이 문제는 여전히 기존 번역서에서 지속해서 논란과 논쟁이 되는 부분이다. 특히 자질이나 역량 등으로 번역되는 비르투virtù나 행운, 운명, 여신 등으로 번역되는 포르투나fortuna 등의 용어는 한국어로 번역할 때 발생할 수 있는 오해나 오류 가능성으로 한국어로 번역하지 않았다. 물론 앞뒤 문자의 맥락에서 한국어로 변경할 수 있는 경우도 있었지만, 굳이 바꾸려고 하지 않았다. 이는 번역자의 의도나 정치학적 성향을 최대한 축소하면서 마키아벨리적인 시각과 생각을 존중하는 방식일 것이라는 저자의 의도를 반영한 원칙과 기준 때문이었다.

그렇다고 저자의 생각과 번역 방향이 절대적으로 옳다고 주장하는 것은 더더욱 아니다. 오늘날 마키아벨리 연구 경향은 기존에 주를 이루던 『군주론』 중심에서 『티토 리비우스의 최초 10권에 대한 논고』와 『전쟁술』을 함께 아우르는 비교 연구와 연계성 분석으로 옮겨가고 있다. 그러한 시류 때문은 아니지만 저자가 보기에도 마키아벨리를 이미 짜인 틀이나 정형화된 형상으로 규정하는 것은 오히려 선입견의 오해와 편견의 가능성이 있다는 점에서 주의할 필요가 있다고 판단된다.

오히려 연구자들의 새로운 해석 시도와 자기주장의 근거를 마키아벨리의 다양한 저서와 문장들 속에서 찾아내어 새로운 마키아벨리를 그려내는 시도가 더욱 바람직할 수도 있다. 현시대의 급변하는 변화 속에서 정치의 속성이나 요인들이 영원불변의 가치나 고정된 개념으로 정의되지 않는 것이 현실이다. 현실정치에 대한 실용적이며 구체적인 접근을 하고자 했던 마키아벨리의 의도와 시각이 더욱 생생하게 살아있기 위해서도 이러한 시도와 노력은 필요해 보인다.

오랜 시간 속에 다시 그려진 마키아벨리의 『군주론』이 기존 번역서들에 비해 더 낫다고 이야기하기도 무척 부끄럽다. 저자의 게으름과 단편적인 지식 등이 오히려 기존 마키아벨리 연구자들에 누가 되지 않을까 하는 두려움이 있기도 하지만, 마키아벨리를 다시 한번 해석하고 재구성하고자 하는 조그마한 노력으로 평가해 주길 바란다. 번역 과정에서 발생한 오역의 가능성이나 해석의 불편함은 오롯이 저자의 몫이다. 그럼에도 더 좋은 번역을 위해 묵묵히 기다려 주신 북이십일의 김영곤 사장님께 깊은 감사의 마음을 전한다.

마키아벨리 『군주론』 번역 작업은 저자에게도 새로운 의미로 다가온 계기였다. 1996년 1월 1일 첫 비행기로 이탈리아 유학길에 올랐던 저자에게 초심의 의미와 그간의 학문적 게으름을 돌아보게 한 좋은 본보기였다. 이 번역 작업의 좋은 기운이 후속 작업으로 준비 중인 그람시 『옥중수고Quaderni del carcere』의 원전 번역 과정까지 지속성을 갖기를 희망한다. 독자들의 애정 어린 질책과 관심을 기대하면서 앞으로 더 나은 이탈리아어 원전 번역과 연구에 더욱 매진할 수 있도록 노력할 것을 약속드린다.

한국의 새로운 민주주의를 기대하며

김종법

군주론

로렌조 데 메디치 전하께

특정 군주에게 은혜로움(자비로움)을 받기를 원하는 이들은 대부분 자신들이 가진 것 중에서 가장 귀한 것들이나 군주가 가장 마음에 들만한 것을 가지고 군주를 알현하고자 합니다. 따라서 많은 경우 자신의 지위와 위상을 상징하는 멋진 말, 무기, 금으로 수놓은 직물, 보석, 그리고 장신구들이 군주들에게 봉헌하는 예물로 사용되는 것을 볼 수 있습니다. 그리하여 저도 전하의 충복이 되겠다는 의미로sevitù 무엇인가 바치고 싶지만, 제가 가진 가장 귀하고 중요한 것을 찾지 못했습니다. 그래서 저는 제가 집필한 고귀한 저서를 전하께 바치고자 합니다. 이 책은 최근 사건들에 대한 오랜 경험과 고대 사건들에 관한 지속적인 연구를 통해 제가 알게 된 위대한 인물들uomini grandi의 행동에 관한 것입니다. 오랜 천착을 통해 알게 된 지식을 집대성하여 오랜 시간에 걸쳐 성실하고 부지런하게 연구하고 분석하여 얻은 지식을 집약하여 저술한 미천한 책을 전하께 보내드립니다. 비록 저의 보잘것없는 이 책이 그다지 귀한 내용을 다룰 정도의 가치 있는 책은 아닐지라도, 제가 전하께 이보다 더 나은 가치 있는 귀한 선물을 드리지 못하리라 생각합니다. 그러나 제가 오랜 시간 동안 수많은 역경과 위험을 겪으면서 습득하고 알게 된 모든 지식과 경험을 쉽게 이해하실 수 있는 능력을 갖추신 전하의 인품이라면 틀림없이 받아들여지리라 믿습니다. 저는 이 책을 저술함에 기교를 부리지 않았습니다. 많은 저자들이 자기 책 저술 과정에서 저서의 주제를 통해 활용하던 수사나 과장된 구절이나 고상하고 화려한 단어, 그리고 내용을 화려하게 보이기 위해 사용한 그 어떤 다른 수식이나 외형상의 장식을 하지 않았습니다. 그저 저는 저의 저술이 오직 다양한 소재와 진지한 주제만으로도 충분히 그 가치를 인정받을 수 있기를 원했기 때문입니다. 감히 제가 아뢰옵건대, 비록 신분이 비천하고 낮은 직위에 있는 이라 할지라도 군주의 통치를 논하고, 통치 관련 지침을 제시하는 글들이 무례하고 건방진 소행으로 여겨지지 않기를 바랄 뿐입니다. 왜냐하면 하나의 국가 지도를 그리는 자들은 아래로 내려가기도 하고 낮은 곳의 모습을 파악하기 위해 산이나 다른 높은 곳으로 올라가야 하기 때문입니다. 이와 마찬가지로 신민(인민 혹은 통치받는 이들의 의미)의 성격과 특징을 잘 파악하기 위해 참된 군주가 될 필요가 있으며, 군주의 특징을 제대로 이해하기 위해서 때론 평범한 신민이 될 필요가 있기 때문입니다. 그러하기에 전하께서는 저의 이런 뜻을 이해하시어 부디 이 작은 선물을 받아주십시오. 만약 이 책을 신중하고 꼼꼼히 읽으면서 그 의미를 새기신다면, 저의 가장 간절한 소망 다시 말해 전하께서 포르투나fortuna과 전하의 탁월한 자질qualità을 통해 성취하게 될 위대한 과업을 이룩하여야 한다는 저의 고귀한 뜻을 헤아리시게 될 것입니다. 또한 전하께서 그 고귀한 지위에서 잠시나마 아래에 있는 저에게 시선을 향해주신다면, 제가 얼마나 지속적이고 과한 불운으로 인해 부당한 대우와 신세에 처해 있는가를 아시게 될 것입니다. 부디 살펴보아 주시기를 간절히 바라옵니다.

제1장

군주국의 종류와 군주국 건립 방식들

인간을 지배하거나 통치권을 행사하는 모든 국가stato나 통치체 dominio는 공화국이 아니면 군주국입니다. 군주국들은(통치자가 오랫동 안 동일 가문으로부터 세습되어 내려오는) 세습 군주국이거나 신생 군주국입 니다. 신생 군주국은(프란체스코 스포르차가 통치하는 밀라노 공국처럼) 전적으 로 새롭게 탄생한 군주국이거나, (스페인 국왕에 의해 통치되는 나폴리 왕국과 같이) 기존 군주와 왕이 지배하는 세습 군주국의 군주에게 정복당하 여 왕국 일부로 편입된 군주국입니다. 그런데 이렇게 편입된 영토 안에 기존 군주의 통치하에 사는 것이 익숙한 군주국들이 있지만, 예속되거나 통치되는 것이 아니라 자유롭게 사는 것이 더 익숙한 국가들이 있습니다. 이러한 국가들의 영토 획득 방법에는 용병이 나 다른 국가의 무력을 이용하여 군주국으로 편입하는 경우와 해 당 국가의 무력 사용만으로 해당 지역을 영토로 편입하는 경우가 있습니다. 이 과정에서 포르투나_{fortuna}[1]에 의해 정복되거나 군주의 비르투_{virtù}[2]에 의해 정복하는 경우가 있습니다.

---

[1] 포르투나라는 용어는 저서 전반에 걸쳐 사용되는 단어의 하나이며, 그 의미가 문맥에 따라 운, 운명, 행운 등으로 사용되고 있다. 그러나 단순히 하나의 단어로 국한하기에는 보다 복합적인 의미를 내포하고 있다는 판단이다. 따라서 본문 해석에서는 포르투나라는 원어를 그대로 사용하고자 한다.

[2] 미기아벨리 전 저작에서 가장 논란의 여지가 큰 개념이 바로 비르투이다. 이탈리아어의 뜻은 덕, 자질, 역량 등의 다양한 의미를 나타내고 있다. 그러나 석어도 본 번역서에서는 단순한 일개념이나 의미로 해석하기에는 더큰 범위와 의미를 포괄적으로 담고 있다는 판단이다. 따라서 앞선 포르투나와 함께 원어 그대로 표기하겠다.

제2장

세습 군주국

공화국에 대해서는 다른 저서에서 길게 논의한 바가 있어서 여기에서는 서술하지 않겠습니다. 이에 저는 군주국에 관해서만 서술하고 논의하고자 하는데, 앞서 제시한 순서에 따라 어떻게 이 군주국들이 인민을 통치하고 유지하고 있는가를 검토할 것입니다.

저는 오랫동안 대를 이어 내려온 통치에 익숙한 세습 군주국 principato ereditario이 신생 군주국보다는 훨씬 더 쉽게 국가를 보존할 수 있다고 말할 수 있겠습니다. 왜냐하면 세습 군주국의 경우 선대의 기존 질서나 통치 원칙을 바꾸지 않으면서 불의의 사태에 적절히 대처하는 것만으로도 충분히 통치하는 데 어려움이 없기 때문입니다. 그러한 이유로 세습 군주가 어느 정도 근면하고 성실하기만 하면, 예상치 못한 의외의 강력한 어떤 세력이 침략하여 정복당하지만 않는다면, 세속 군주의 통치는 언제나 안정적으로 유지될

것입니다. 설사 그러한 사태가 일어나 통치 권력과 왕권에서 물러
난다고 해도, 새로운 정복자가 어려움에 처하게 될 때 이전의 군주
는 즉시 이전 지위(통치자의 권력)로 복귀할 수 있을 것입니다.

　이탈리아 사례를 들어보겠습니다. 페라라 공작은 1484년의 베
네치아 공국의 공격과 1510년의 교황 율리우스의 침략을 물리쳤습
니다. 두 외세 침략을 물리칠 수 있었던 데에는 페라라 공작 가문이
그 지역에서 오랫동안 통치하고 있었기 때문이었습니다. 세습 군
주는 신생 군주에 비해 지배받는 이들을 괴롭히거나 고통을 줄 이
유나 필요가 많지 않습니다. 이러한 통치 방식은 해당 지역 인민들
에게 더 많은 호감을 얻게 합니다. 따라서 군주가 상식 밖의 사악한
비행들로 미움을 사지 않는 한, 신민들이 그를 따르는 것은 자연스
러운 일입니다. 더욱이 군주 가문의 통치가 오래 지속될수록 예전
의 급격한 변화로 인한 고통이나 불편함의 원인이나 이유에 대한
기억은 희미해지기 마련입니다. 세상 어떤 변화든지 새로운 변화
가 초래하는 많은 어려움과 불편함을 감수해야 하거나 남겨지기
때문입니다.

제3장

복합 군주국

그러나 신생 군주국에서는 어려운 문제들에 봉착하게 됩니다. 무엇보다 모든 신생 군주국에 해당하는 것은 아니지만, 기존 군주국의 속국처럼 병합된 경우(이렇게 병합된 국가를 복합 군주국principato misto이라고 부를 수 있습니다), 다양한 변수들이 처음부터 자연스럽게 발생한 어려움으로부터 나타나게 됩니다. 그러한 자연발생적인 어려움은 모든 곳에서 발생하며, 대부분 새로운 것이기도 합니다. 인민들은 자신들의 처지를 개선할 수 있다고 믿으면 자발적으로 지배자인 군주들을 갈아치우려고 하며, 이런 믿음으로 인해서 통치자에 맞서 무기를 들고 봉기하게 됩니다. 하지만 그들은 속았던 것입니다. 왜냐하면 사람들은 뒤늦게 자신들의 상황이 악화되었다는 사실을 깨닫게 되기 때문입니다.

이러한 상황은 자연적이고 일반적인 또 다른 필연성에 의해 비롯되기도 합니다. 신생 군주가 되기 위해서는, 그러한 필연성은 항상 자기 군대를 통해 신민들에게 해를 입히거나, 혹은 새로운 국가를 정복하기 위해 뒤따르는 무수히 많은 희생과 손실이 발생할 수밖에 없는 필연성이 발생할 수밖에 없는 상황에 처하기 마련입니다.

이러한 방식에 의해 당신은 군주국을 확장하거나 병합하면서 희생을 한 모든 사람을 적으로 돌리는 상황이 발생하게 됩니다. 다른 한편으로 당신이 통치자가 될 수 있도록 지지하거나 도움을 준 이들 역시 그들이 기대한 만큼 만족시킬 수 없으므로, 그들의 협조나 우호적인 관계도 유지할 수 없는 상황에 직면하게 됩니다. 그렇다고 당신에게 은혜와 지지를 베푼 지지자들에게 강력한 처방을 사용할 수도 없는 노릇입니다. 그러므로 신생 군주는 강력한 군대를 거느리고 있더라도, 새로운 국가 혹은 지역을 점령하기 위해서는 그 지역 주민들의 호의를 획득하는 것이 언제나 필요합니다.

바로 이러한 이유로 인해, 프랑스의 루이 12세가 단숨에 밀라노를 병합할 수 있었지만, 같은 이유로 점령지를 순식간에 잃고 말았습니다. 처음으로 루도비코Ludovico[3]의 군대는 자기 힘만으로도 일거에 프랑스 왕 루이 12세를 몰아낼 수 있을 만큼 충분히 강해졌던 것입니다. 왜냐하면 루이 12세에게 성곽의 문을 열어주었던 밀

---

3)　루도비코 스포르차Ludovico Sforza(1452~1508)는 프란체스코 소포르차의 두번째 아들로 1494년부터 밀라노 공국의 통치자였다. 역사적인 측면에서 중요한 사실의 하나는 루도비코가 레오나르도 다빈치에게 명하여 "최후의 만찬"을 그리게하였다는 사실로도 유명하다.

라노 인민들은 그들이 기대했던 만큼의 이익과 혜택을 누릴 수 없다는 것을 알게 되자, 새로운 군주로 인해 초래된 불편함과 피곤함을 참을 수 없었기 때문이었습니다.

그러나 반란을 일으킨 국가를 다시 정복한 경우에는 좀처럼 더 이상의 어려움이나 문제에 봉착하지 않게 된다는 점 역시 상당히 맞는 말입니다. 왜냐하면 다시 통치하게 된 군주는 자기 권력을 강화하기 위해 이전의 반란을 기화로 반역자를 처벌하며, 혐의자를 찾아내고, 자기 통치에 대한 결함을 정정하는 과정에서 더욱 무자비하고 단호하게 처신할 것이기 때문입니다.

이러한 방식으로 루도비코 공작은 처음으로 단순히 국경 부근을 공격하여 교란시킨 것만으로 프랑스를 밀라노에서 몰아낼 수 있었습니다. 그러나 다시 밀라노를 프랑스에게 빼앗기고 난 다음에 밀라노를 재탈환하기 위해서는 주변 모든 국가와 연합하여 프랑스 왕에게 맞서야 했기 때문에, 프랑스 군대를 패퇴시켜 이탈리아로부터 몰아내야만 했습니다. 전술한 이유로 인해 프랑스를 이탈리아로부터 몰아내는데 더욱 어려워졌던 것입니다.

어쨌든 프랑스는 두 번씩이나 밀라노를 잃게 되었습니다. 처음에 밀라노를 잃게 된 납득할만한 이유는 앞에서 이미 서술하였습니다. 중요한 것은 두 번째로 밀라노를 잃게 된 이유입니다. 어떻게 밀라노를 잃게 되었고, 프랑스 왕은 어떤 해결책을 사용하여 다시 밀라노를 정복할 수 있었을까에 대한 고민, 그리고 그와 유사한 처지에 있는 통치자의 경우 어떻게 하면 병합된 영토를 프랑스 왕보다도 더 잘 지배하여 유지할 수 있을 것인가에 대해 고민하고 분석하는 것이었습니다.

먼저 제가 드릴 수 있는 말은 이 모든 상황과 원인이 정복자가 점령하여 병합한 영토가 같은 언어를 사용하는 같은 지역에 있는 것인지 혹은 그렇지 않은가에 따라서 달라질 수 있다는 점입니다.

만약 그러한 유형의 지역이라면 그 영토를 유지하기는 지극히 쉬운 일이며, 게다가 그 영토가 자치에 익숙하지 않은 곳이라면 더더욱 쉬울 것입니다. 해당 지역 영토 확보를 위해서는 단순히 그곳을 지배하던 기존 군주 가문을 사라지게 하는 것만으로도 충분합니다. 왜냐하면 그 밖의 다른 일상적인 일들에 관한 한, 주민들은 예전의 생활 방식을 그대로 유지할 수 있고, 관습적인 차이가 크게 나지 않는 한, 평온한 삶을 지속할 수 있기 때문입니다. 그러한 사례는 프랑스에 오랫동안 병합되었던 부르고뉴, 브리타뉴, 가스코뉴와 노르망디 등을 들 수 있습니다. 비록 언어상 차이가 약간 있었지만, 그 지역들의 관습은 유사했기 때문에 지금껏 별다른 어려움들이 야기되지는 않았습니다.

따라서 그러한 영토를 병합하여 지배를 유지하고자 마음먹은 군주는 누구나 다음의 두 가지 원칙을 준수해야 합니다. 첫째, 예전에 통치하던 기존 군주 가문을 제거하는 것입니다. 둘째, 해당 지역의 법을 바꾸지 않고 새로운 세금도 부과하지 않는 것입니다. 그렇게 하면 새로운 영토와 기존 군주국은 가장 빠른 시산에 통합되어 하나의 국가처럼 될 것입니다.

그러나 언어와 관습 및 제도가 다른 지역을 정복하여 새로운 영토로 병합하게 되면 상당한 문제가 야기되며, 이를 유지하는 데에는 대단히 커다란 포르투나fortuna와 엄청난 노력이 요구됩니다.

최선의 그리고 가장 효과적인 해결책은 정복자가 해당 지역으로 이주하여 정주하는 것입니다. 이렇게 하면 병합된 지역은 더 안전하고 안정적인 방식으로 유지되고 통치할 수 있을 것입니다. 그리스에 대한 튀르키예의 대응책이 바로 이러한 해결책의 가장 모범적인 사례입니다. 만약 튀르키예가 그리스를 직접 통치하려 하지 않았다면, 그리스를 지배하고 유지하기 위해 적용한 수많은 정책과 대책이 충분한 통치 효력을 내지 못했을 것입니다.

이러한 이유는 해당 지역에서 직접 살게 되면, 어떠한 사고가 일어나더라도 곧바로 알 수 있어 효과적인 대응과 조치를 신속하게 내릴 수 있기 때문입니다. 그러나 만약 그렇지 않으면, 사고가 일어난 뒤 한참 지난 뒤, 이미 해결할 수 없을 상황이 되어서야, 비로소 사태의 심각성을 깨닫게 되기 때문입니다. 더욱이 직접 그 지역에 살게 되면 통치자의 관리들이 해당 지역 신민들을 함부로 수탈하거나 해를 끼치지 못할 것입니다. 또한 해당 지역 신민들은 통치자에게 직접 호소할 수 있기에, 통치자에게 만족하게 될 것입니다. 그러한 결과로 순수하게 행동하는 신민들은 군주에게 헌신하게 될 것이며, 그렇지 않고 나쁜 의도와 악의를 품은 자들은 군주를 두려워할 만한 충분한 이유를 가지게 될 것입니다. 이러한 상황에서 해당 국가를 공격하고자 하는 외국 세력들은 그 누구라도 공격과 침략을 매우 주저하게 될 것입니다. 이 모든 점을 고려할 때, 새로운 영토에 정주하여 직접 통치하게 된다면 해당 영토를 결코 쉽게 잃지 않을 것입니다.

보다 나은 다른 해결책은 이른바 정복한 영토의 거점이 될 수 있는 한두 곳에 식민지를 건설하는 것입니다. 만약 그런 상황이 안 된다면, 대규모의 무장 병력을 주둔시키는 것이 필요합니다.

식민지 유지에는 비용이 거의 들지 않습니다. 식민지 유지에 전혀 비용이 들지 않거나, 혹은 아주 적은 비용으로 식민지를 건설하고 유지할 수 있습니다. 이 경우 유일하게 피해를 보는 사람들은 새로 온 이주민들에게 자신들의 경작지나 집을 내주게 되는 해당 지역 일부 주민들뿐입니다.

그리고 이런 방식에 의해 피해를 보는 자들은 소수의 주민에 불과합니다. 더욱이 그로 인해 피해를 본 주민들은 대부분 궁핍해지고 뿔뿔이 흩어져 버리기 때문에 군주에게 보복할 엄두를 내지 못합니다. 그 외의 모든 다른 주민들은 그렇게 큰 피해를 보지 않았기 때문에 안심할 것이며, 다른 한편으로는 다른 사람들처럼 자기 재산이나 토지를 빼앗길까 두려워서 말썽이나 반항할 엄두조차 내지 못할 것입니다.

결국 저는 이러한 식민지들은 큰 비용이 들지 않고, 더 충성스러우며, 단지 소수의 사람에게만 피해를 주는 데 불과하다고 결론지어 말씀드릴 수 있겠습니다. 그리고 이미 말씀드린 대로 이로 인해 피해를 본 사람들은 궁핍해지고 뿔뿔이 흩어져서 군주에게 대항하지 못할 것입니다.

이와 관련하여 분명히 해야 할 것은 사람들을 대할 때 온유하게 대하거나 아니면 아주 짓밟아 버려야 한다는 것입니다. 왜냐하면 인간이란 사소한 피해에 대해서는 보복하려는 마음을 갖지만, 엄청난 피해에 대해서는 감히 보복하거나 복수할 엄두조차 갖지 못하기 때문입니다. 따라서 사람들에게 피해를 주려면 그들이 복수할 필요를 못 느낄 정도로 매우 큰 피해를 주어야 합니다.

그러나 식민지 건설 대신 군대를 파견한다면, 훨씬 더 큰 비용이 들 것입니다. 왜냐하면 해당 지역에서 거둬들이는 모든 세금이나 수입은 해당 지역의 방어와 치안유지에 쓰이게 될 것이기 때문입니다. 그러한 결과로 획득한 영토는 결국 군주에게 심각한 손실을 초래하게 됩니다. 게다가 군주의 군대를 해당 지역에 주둔하게 함으로써, 군주가 다스리는 전체 지역에 손실을 초래하여 더 큰 피해가 발생할 수도 있습니다. 민심이 흉흉해지고, 이에 따라 해당 지역 모든 주민은 군주에게 적대적으로 변하게 됩니다. 비록 해당 지역 주민들은 패배했지만, 자신들의 고향에 그대로 정주함으로써 여전히 군주에게는 위험스러운 적으로 남게 됩니다.

따라서 모든 점에서 볼 때, 식민지 건설 정책은 고도로 효과적이지만, 군사 주둔 정책은 비효율적이라고 할 수 있습니다.

또한 제가 이미 말씀드린 것처럼 자기 직접 통치하는 본국이 아닌 다른 지역 국가를 정복한 군주는 인접한 약소국가들의 맹주가 되어 약소국가들의 보호자 역할을 수행하고, 해당 지역 주변의 강력한 국가의 세력이 약화되도록 노력해야 합니다. 어떠한 돌발적인 상황에 의해 자신이 통치하는 국가와 같은 강력한 외부 국가가 그러한 돌발 상황에 개입하지 않도록 만반의 태세를 갖추어야 합니다. 지나친 야심이나 두려움으로 인해서 불만을 품은 이들은 언제나 강력한 외세를 끌어들이기 마련입니다. 이러한 사례는 역사적으로 그리스에서 아이톨리아인들이 로마인의 침략을 유인했었던 상황에서 볼 수 있습니다. 더군다나 역사적으로 로마가 침략한 모든 나라에서 해당 지역 주민들의 일부가 로마인의 침입을 돕거나 지원한 사례를 심심치 않게 볼 수 있습니다.

통상 강력한 침략자가 어느 한 국가를 침략할 때 상황을 보면, 주변의 모든 약소 세력이 강력한 침략자에게 모여드는 것을 볼 수 있습니다. 이러한 이유는 주변 약소국들이 자신들을 지배하는 기존 통치자에게 불만을 품고 있었기 때문이라는 사실을 감안하다면 당연한 이치입니다. 결국 강력한 침략자는 별 어려움 없이 이러한 약소 세력들을 자기편으로 만들 수 있는데, 그것은 약소국들이 이미 강력한 침략자가 획득한 새로운 권력에 공생하려는 경향을 보이고 있기 때문입니다.

다만 이 강력한 군주는 자신이 소유한 과도한 군사력이나 영향력이 발휘되지 않도록 조심할 필요가 있습니다. 이 군주는 자기 군대를 약소국들의 협조와 지원을 활용함으로써 강력한 세력을 쉽게 진압할 수 있으며, 해당 지역을 완전히 장악할 수 있습니다. 그러나 이러한 지역을 잘 통치하지 못하는 군주는 그가 정복한 지역을 쉽게 잃을 것이며, 해당 지역을 통치하고 유지하는 동안에도 무수히 많은 환란과 분규를 겪게 될 것입니다.

로마인은 자신들이 점령한 지역에서 이러한 정책들을 아주 훌륭하게 시행했습니다. 그들은 식민지를 세우고, 주변 약소 세력과의 우호 관계를 (그들의 영향력을 증대시키지 않으면서도) 유지했으며, 강력한 세력을 진압하면서, 식민지에서 강력한 외부 세력이 영향력을 행사하지 못하도록 적절하게 대응했습니다.

저는 로마인이 그리스 지방을 식민지로 활용한 사례로 거론하는 것으로도 충분하다고 생각합니다. 로마인은 아카이아인 및 아이톨리아인4)과 우호 관계를 유지했습니다. 로마인은 마케도니아 왕국을 굴복시켰고, 안티오코스(당대 시리아 왕국의 국왕)를 몰아냈습니다. 그러나 로마인은 비록 아카이아인이나 아이톨리아인이 자신들의 식민지 지배에 많은 공헌을 했음에도 이들 세력이 강성해지는 것은 절대로 허용하지 않았습니다. 필리포 국왕의 호소, 다시 말해 로마의 동맹국으로 인정받고 화해하기를 청했음에도, 로마인은 필리포 국왕이 굴복하기 전까지는 절대로 허용하지 않았습니다. 심지어 안티오코스 세력이 주변 국가들에 강력한 세력으로 영향을 미치고 있었지만, 로마인은 그리스의 어떠한 영토도 안티오코스 세력을 용인하지 않았습니다.

---

4) 그리스 주변의 약소국들로 로마는 이들 약소국을 활용하여 마케도니아와 시리아를 몰아냈다.

이러한 사례에서 알 수 있듯이 로마인은 현명한 군주라면 누구나 취해야만 하는 조치를 실행했던 것입니다. 이러한 조치들은 현재의 불미한 사태뿐만이 아니라 미래에 일어날지도 모르는 불미스러운 상황에 대한 배려가 필요하며, 특히 미래의 불행한 사태를 방지하기 위해서 모든 노력을 다해야 합니다. 왜냐하면 불행한 사태의 최초 징후를 감지할 수 있어야만, 해결책과 대책을 마련하기 쉽기 때문입니다. 만약 불행한 사태를 방치하여 대책이 너무 늦어지면, 사태의 악화를 막을 수 없기 때문입니다.

이를 비유하자면 종종 의사들이 이야기하는 전염성 열병의 확산과 치료의 경우와 유사합니다. 전염성 열병은 초기 발견하면 치료하기 쉽지만 진단하기가 어려운 데에 반해서, 초기에 발견하여 적절히 치료하지 않으면 시간이 흐름에 따라서 진단하기는 쉽지만 치료하기는 어려워집니다.

국가를 통치하는 일 역시 마찬가지입니다. 왜냐하면 정치적 문제를 일찍 인지하면(이는 현명하고 장기적인 안목을 가진 사람만이 가능합니다). 문제가 신속히 해결될 수 있기 때문입니다. 그러나 문제를 제대로 인식하지 못하고 사태가 악화되어 모든 사람이 알아차리는 상황이 도래하면 그 어떤 해결책도 더 이상 소용이 없습니다.

로마인은 재난을 미리부터 예견했기 때문에 항상 대처할 수 있었습니다. 그들은 단순히 전쟁을 피하려고 전쟁의 화근이 자라는 상황을 절대로 용납하지 않았습니다. 왜냐하면 로마인에게 전쟁이란 피할 수 있는 것이 아니라 단지 적에게 유리하도록 지연되는 것에 불과하다는 점을 익히 알고 있었기 때문입니다. 바로 이러한 이유로 그들은 이탈리아에서 필리포와 안티오코스 연합군과 전쟁하는 것을 피하려고, 미리 선제적인 공격을 통해 그리스에서 이들 세력과의 전쟁을 선택했습니다. 물론 로마인은 그리스에서 이들 두 세력을 상대로 싸우는 상황을 피할 수도 있었지만, 전쟁을 피하지 않기로 했습니다. 로마인은 우리 시대의 현자들이 늘 이야기하는 "시간을 지체시키면서 이익을 취하라"는 격언을 절대로 받아들이지 않았습니다. 오히려 로마인은 자신들의 비르투virtù와 현명함prudenzia에서 기인하는 이익을 취하는 선택을 선호했습니다. 그러한 선택의 이유는 시간이 어쨌든 간에 모든 것을 획득할 수 있는데, 악이 선이 될 수도 있고 반대로 선이 악이 될 수도 있기 때문입니다.

그러면 다시 프랑스 사례로 돌아가서, 우리가 이야기했던 것 중에 프랑스는 어떤 것을 실행에 옮겼는지 검토해 보겠습니다. 여기서 저는 카알 대제가 아닌 루이Luigi 왕의 사례에 관해 이야기해 보겠습니다. 루이 왕은 이탈리아에서 자기 정복지를 훨씬 더 오랫동안 유지했으며, 이에 루이 왕의 행적을 보면 그 과정이 어떠했는지 더욱 잘 볼 수 있기 때문입니다. 여기에서 우리는 루이 왕이 다른 영토를 유지하기 위해서 실행해야 하는 정책들과는 반대의 정책들을 실행했다는 것을 알 수 있습니다.

루이 왕의 이탈리아 침입은 베네치아인의 야망에 의해서 추동

되었는데, 베네치아인은 로마인의 침입을 틈타서 롬바르디아 영토의 반을 차지하고자 했습니다.

저는 루이 왕이 택한 이 결정을 비난할 의도는 없습니다. 루이 왕은 이탈리아에서 발판을 구축하고 싶어 했지만, 이탈리아의 그 어떤 세력과도 동맹을 맺고 있지 않았기 때문에(여기에는 카알 대제의 처신으로 인해 이탈리아의 그 어떤 세력도 자신과 동맹을 맺지 않는다는 것을 알게 되었습니다.) 자기 계획을 실행하기 위해 맺을 수 있는 동맹이라면 어떤 동맹이라도 수용하려고 했을 겁니다. 만약 루이 왕이 이 과정에서 실수를 저지르지 않았더라면, 그러한 그의 탁월한 결정은 성공했을지도 모릅니다.

루이 왕이 롬바르디아를 정복했을 때, 그는 카알 대제로 인해 실추되었던 명성을 즉각 되찾을 수 있었습니다. 제노바는 항복했고, 피렌체는 그의 동맹국이 되었습니다. 만토바 후작, 페라라 공작, 벤티볼리오 공작, 포를리 백작부인(카테리나 스포르차), 파엔차 영주, 페사로 영주, 리미니 영주, 카메리노 영주, 피옴비노의 영주들 그리고 루카, 피사와 시에나의 인민들이 그를 둘러싸고 친구가(동맹국이) 되고자 했습니다.

그제야 베네치아인은 자신들의 정책이 경솔했음을 깨달았습니다. 롬바르디아 영토의 겨우 몇 군데 영지를 욕심내다가, 프랑스 왕이 이탈리아 전 영토의 3분의 2를 차지할 수 있도록 도운 꼴이 되었습니다.

만약 롬바르디아 입성 이후 루이 왕이 앞에서 제시한 행동 원칙을 따르면서 이탈리아 안의 모든 동맹국과 동맹을 계속 유지하고 잘 보존했더라면, 이탈리아에서의 루이 왕의 명성은 계속하여 지속되면서 우호적인 관계 유지에 별 어려움이 없었을 것이라고 누구나 생각했을 것입니다. 왜냐하면 루이 왕에게는 많은 동맹국이 있었으며, 동시에 그 동맹국들은 매우 세력이 약했고 심지어 일부는 가톨릭 교황청을, 또 다른 일부는 베네치아인을 두려워하고 있었기에, 루이 왕과의 동맹을 유지할 수밖에 없었기 때문입니다. 더군다나 루이 왕은 동맹국의 도움을 받으면서 다른 강대국들로부터 쉽게 안전을 확보할 수 있었을 것입니다.

그러나 루이 왕은 밀라노에 입성하자마자, 교황 알렉산데르의 로마냐 지방 정복을 도와줌으로써 제가 앞서 제안한 방식과 노선에 반대되는 정책을 추진하기 시작했습니다. 게다가 루이 왕은 이러한 결정이 한편으로 자신을 약화시키고(루이 왕의 동맹국들과 프랑스 편에 서서 자신들의 운명을 맡긴 동맹국들을 소외시키기 때문에), 다른 한편으로 막강한 권위의 근원인 교황청에 종교적 권력뿐만이 아니라 더 많은 세속적 권력을 더해줌으로써 가톨릭과 교황청을 더욱 강력한 세력으로 만든다는 점을 깨닫지 못했습니다.

루이 왕은 첫 번째 실수를 저지른 후 이를 만회하려다가 다른 실수를 거듭하게 되었습니다. 급기야 교황 알렉산데르 6세가 토스카나 지방의 지배자가 되려는 야심을 견제하기 위해 이탈리아를 침입하여 공격해야 하는 지경에 이르렀습니다. 루이 왕의 실수는 교황청의 힘을 강화해 주고 자기 동맹국들을 상실하는 것만으로는 충분하지 않았습니다.

　루이 왕은 나폴리 왕국의 영토에 대한 욕심이 있었기 때문에, 나폴리 왕국을 합스부르크 왕가의 스페인 왕과 나눴습니다. 그러한 헛된 야욕의 결과 이전에는 루이 왕이 거의 단독으로 이탈리아 전 영토를 지배했으나, 나폴리 분할 통치 이후에 루이 왕은 이탈리아 내부의 야심가들이나 루이 왕에게 불만을 품은 불평분자들에게 도움이 될 수 있는 또 다른 지배자를 끌어들인 셈이 되었습니다. 루이 왕은 자신에게 충성을 다해 복종할 수 있는 꼭두각시 왕을 나폴리 왕국에 옹립할 수 있었지만, 꼭두각시 왕을 폐위시키고 그 자리에 자기 지배권을 몰아낼 수 있는 자를 대신 앉혀놓았습니다.

　영토 정복과 확장의 욕망은 매우 자연스럽고 정상적이며, 유능한 권력자들이 이러한 야망을 수행할 때 그들은 항상 칭송받습니다. 혹 칭송받지 못하는 경우에라도 최소한 비난받지는 않게 됩니다. 그러나 그러한 야망을 성취할 역량을 가지지 못한 자들이 앞뒤를 가리지 못한 채 무작정 이를 추구하려고 한다면, 그것은 매우 비난받을 만한 실책이 됩니다.

　따라서 프랑스 왕이 자기 군대만으로 나폴리 왕국을 공격할 수 있었더라면, 그렇게 하는 것이 마땅했을 것입니다. 만약 그럴 수 없었다면, 루이 왕은 나폴리 왕국을 나누지 말았어야 했습니다. 비록 이전에 루이 왕이 롬바르디아를 베네치아인과 나누어 지배하면서 이탈리아 영토 안에 자기 통치 지역을 확보하기 위힌 것이라는 점 때문에 베네치아인과의 분할이 용서받을 수 있었다고 하더라도, 나폴리 왕국을 나눈 것은 불가피한 상황이 아니라는 점에서 비난받아 마땅합니다.

결국 루이 왕은 다음의 다섯 가지 실수를 범한 셈입니다. 첫째, 약소 세력들을 섬멸시켰고, 둘째, 이탈리아에서 이미 강력했던 세력(교황권과 교황청을 의미)을 보다 강력한 세력으로 강화했으며, 셋째, 이탈리아 내부에 매우 강력한 외세를 끌어들였고, 넷째, 이탈리아 점령지를 직접 통치하지 않았으며, 다섯째, 이탈리아에 식민지를 건설하지 않은 것이 바로 그것입니다.

그렇다고 하더라도 루이 왕이 여섯 번째의 실수, 다시 말해, 베네치아인을 이탈리아 점령지에서 몰아내었던 실수를 저지르지 않았더라면, 자기 생애에서 이러한 실수들로 인해 루이 왕의 이익이나 명예가 해를 입지는 않았을 것입니다.

물론 루이 왕이 교황청 세력을 강화하지 않았거나 스페인을 이탈리아에 끌어들이지 않았더라면, 베네치아인의 세력을 약화시키는 일은 매우 합리적이고 필요했을 것입니다. 그러나 이미 두 가지(교황청을 강화하고 스페인을 이탈리아에 끌어들이는 일) 결과가 초래된 이상, 그는 결코 베네치아의 몰락을 용인해서는 안 되었습니다.

베네치아인은 세력이 강대했기 때문에 항상 다른 세력들이 롬바르디아에 개입하는 것을 방지할 수 있었을 것입니다. 베네치아인은 자신들이 롬바르디아 지방에서 패자가 되었다면 모를까 그렇지 않았다면 외부 세력이 롬바르디아 지방을 침범하는 일을 절대로 허용하지 않았을 것입니다. 또한 다른 어떤 외부 세력들도 프랑스 왕으로부터 롬바르디아를 침탈하여 그 영토를 베네치아에 넘기려 했을 리 없었으며, 그렇다고 프랑스와 베네치아 양국을 상대로 싸울만한 용기를 갖기는 더욱 어려웠기 때문입니다.

만약 누군가가 루이 왕이 전쟁을 피하려고 로마냐 지방을 교황 알렉산데르 6세에게, 나폴리 왕국을 스페인에 양보한 것이라고 말한다면, 저는 앞에서 언급했던 주장을 근거로 다음과 같이 대답하겠습니다. 다시 말해, 전쟁이란 사실상 피할 수 있는 것이 아니라 단지 상황이 불리하게 지연되는 것에 불과하므로 전쟁을 피하려고 화근이 자라는 것을 허용해서는 결코 안 된다는 것입니다.

만일 다른 누군가가 왕이 교황과 맺은 약속, 즉 왕의 결혼을 무효화하고 루앙의 대주교를 추기경으로 임명한 것에 대한 대가로 로마냐 지방을 점령하고자 했던 교황에게 협력하기로 한 약속 때문에 어쩔 수 없었다고 이야기한다면, 저는 뒤에서(군주론 제18장을 의미) 무릇 군주의 충실함(약속 이행에 대한)과 어떻게 그러한 충실함을 준수해야 하는가에 대한 논의를 진행하면서 이에 대한 제 생각을 정리하겠습니다.

루이 왕은 영토를 점령한 뒤 그 점령지를 유지하고자 하는 자들이 지켜야 할 원칙 중 그 어떤 것도 준수하지 않았기 때문에 롬바르디아를 잃고 말았습니다. 이러한 상황은 전혀 놀랄만한 일이 아니며, 지극히 정상적이고 예견된 일이었습니다.

교황 알렉산데르 6세의 아들 체사레 보르자를 부르는 호칭이었던 발렌티노 공작이 로마냐 지방을 점령하려고 전쟁을 수행하고 있을 때, 저는 낭트에서 루앙의 추기경과 이 문제를 논의한 적이 있습니다. 루앙의 추기경은 제게 이탈리아인은 전쟁을 이해하지 못한다고 말했을 때, 저는 프랑스인은 국가 통치술을 이해하지 못한다고 답했습니다. 왜냐하면 프랑스인이 국가 통치술을 이해했더라면, 교황청이 그렇게 큰 세속적 권력을 획득하는 상황을 절대로 용납하지 않았을 것이기 때문입니다.

또한 경험상 이탈리아에서 교황청과 스페인의 강력한 세력 확대는 프랑스에 의해서 초래된 것이었으며, 교황청과 스페인이 프랑스를 몰락시켰다는 사실 역시 명백하기 때문입니다.

이러한 사례로부터 거의 절대적이며 언제나 유효한 일반 원칙을 이끌어 낼 수 있습니다. 즉 다른 이의 권력을 강화하도록 도움을 준 자는 그 권력으로 인해 파멸하게 된다는 사실입니다. 타인의 권력 강화는 누군가의 계략 혹은 무력과 같은 힘으로 발생하는 것인데, 그렇게 하여 강력한 힘을 갖게 된 이가 그가 도움을 받았던 계략과 힘이 자신에게 향할 수도 있다는 의심으로 권력을 남용할 수밖에 없기 때문입니다.

제4장

알렉산더 대왕이 정복했던 다리우스 왕국에서는 대왕이 죽은 후 왜 인민들이 그의 후계자들에게 반란을 일으키지 않았는가?

새로 정복하게 된 국가stato를 유지하면서 직면하는 어려움을 고려할 때, 우리는 다음과 같은 사실에 놀라지 않을 수 없습니다. 알렉산더 대왕은 불과 수년 만에 아시아의 패자가 되었고, 정복한 뒤 얼마 안 되어 세상을 떠났습니다. 그렇다면 정복한 지역에서 거의 모든 국가가 반란을 일으켰으리라고 예상하는 것이 합리적이었을 것입니다. 하지만 알렉산더 대왕의 후계자들은 점령지를 유지하고 통치하는 데 아무런 어려움이 없었습니다. 다만 후계자들의 야심 때문에 후계자들 간의 분란과 갈등으로 인한 어려움이 생겼을 뿐입니다.

이에 대해 저는 역사적으로 알려진 모든 군주국에는 두 가지 방법 중 하나로 통치했다는 사실을 상기할 필요가 있습니다. 그 하나는 군주의 총애와 허락을 통해 관료 혹은 신하가 된 가신들의 조력을 받아 한 사람의 군주가 통치하는 방식입니다. 다른 하나는 군주가 제후들과 더불어 통치하는 방식입니다. 그런데 이 제후들은 군주의 은덕으로 가신이 된 것이 아니라 오랜 귀족 가문의 혈통에 의해 세습을 통한 신분을 획득한 자들입니다.

이러한 제후들은 자기 영토와 신민들을 통치하고 있으며, 신민들은 그를 영주로 인정하여 자연스럽게 그에게 충성합니다. 군주와 가신에 의해서 통치되는 국가에서 군주는 더 큰 권위를 통해 지배하는데, 이는 통치하는 전 영토에 그 권위를 인정받은 군주보다 더 높은 권력을 가진 이가 없기 때문입니다. 비록 신민들이 다른 사람들에게 순종한다고 하더라도, 이는 그들이 군주의 신하이거나 관료이기 때문이며, 신민들은 오로지 군주에게만 특별한 충성을 바치는 것입니다.

우리 시대의 이러한 두 가지 통치 유형 사례는 투르크 술탄의 통치 유형과 프랑스 왕의 통치 유형입니다. 투르크 왕국 전체는 한 사람의 군주에 의해서 지배되며, 다른 사람들은 모두 투르크 왕을 위해 종사하는 이들에 불과합니다. 투르크 왕국은 산자크라는 행정구역으로 나누어져 있는데, 술탄은 각 지역에 여러 유형의 행정관들을 파견하고, 술탄이 원하는 바에 따라서 행정관들을 교체하거나 다른 곳으로 이동시킵니다.

이에 반해 프랑스 왕은 수많은 세습 제후로 둘러싸여 있으며, 그 제후들은 각 지역에서 자신들을 인정하고 자신들에게 충성을 바치는 신민들을 거느리고 있습니다. 제후들은 각자 모두 고유한 세습 특권을 가지고 있으며, 그들의 특권은, 프랑스 왕조차 커다란 위험을 감수하지 않는 한, 건드릴 수 없습니다.

이 두 유형의 국가를 비교하여 고찰하자면, 투르크 왕국 유형의 국가는 정복하기가 어렵지만, 일단 정복하면 유지하기가 아주 쉽습니다. 그러나 프랑스와 같은 유형의 국가는 몇몇 사안들로 인해 정복하기는 훨씬 쉽지만, 정복한 뒤 통치를 유지하기가 매우 어렵습니다.

투르크 왕국을 정복하기 어려운 이유는 두 가지입니다. 첫째, 그 왕국의 지배 아래 있는 군주들의 요청으로 정복할 가능성이 전혀 없다는 점입니다. 둘째, 왕국의 신하들과 가신들의 반란으로 왕국을 정복한다고 기대하기도 어렵다는 사실입니다. 신하와 가신들 모두 왕의 종복들이고 왕의 은혜를 받아 자리와 지위에 올랐기에 신하와 가신들을 타락시키기란 매우 어렵습니다. 혹 그들을 타락시킨다고 해도 인민들이 이미 언급한 이유로 인해 이들 신하와 가신들을 따르거나 복종하지 않기 때문에 별로 유용하지 않으며, 별 이득을 기대할 수 없습니다.

따라서 투르크의 술탄을 공격하려면 투르크가 일치단결하여 대항한다는 것을 고려할 필요가 있으며, 투르크 왕국의 분열을 기대해서는 안 되며, 자신들의 힘(군대)에 의지하여야 할 필요가 있습니다. 그러나 만약 전투에서 결정적 승리를 거두어 적에게 다시 군대를 모으거나 재정비할 수 없을 정도의 결정적인 패배를 안겨주었다면, 군주 가문을 제외하고는 더 이상 두려워할 어떠한 것도 남아 있지 않을 것입니다.

군주 가문을 단절시켜 버리면 두려워할 어떤 것도 남지 않게 되는데, 이는 그 누구도 인민들의 신망을 얻을 수 있는 세력이 남아 있지 않다는 것을 의미하기 때문입니다. 정복자가 승리 이전에 그들로부터 어떠한 도움도 기대할 수 없었던 것과 마찬가지로, 승리 이후에는 그들을 두려워할 이유가 없습니다.

프랑스 왕국과 같이 지배하는 양상이 유사한 왕국에서는 이와 반대되는 현상이 나타납니다. 다시 말해 그러한 왕국에서는 항상 불만을 품은 세력과 정치권력을 전복하려고 하는 무리가 있어서, 그 왕국의 일부 신하들과 가신들과 결탁하여 쉽게 공격할 수 있습니다.

앞에서 전술하여 제시한 바대로 그들은 자신들의 왕국을 침입하려는 이에게 길을 열어줄 것이며, 승리를 얻을 수 있도록 도와줄 것입니다. 그러나 그 이후 정복한 왕국에서 당신이 획득한 것을 지키고자 할 때, 당신은 당신을 도왔던 무리들과 당신의 침략으로 인해 고통을 당한 이들로부터 무수히 많은 어려움과 곤란한 일들을 겪게 될 것입니다.

새로운 권력의 대안이 될 수 있는 영주들이 남아 있어서 군주 가문의 혈통을 단절시키는 것만으로는 충분하지 않습니다. 실제로 당신은 그들을 만족시킬 수도, 파멸시킬 수도 없기에, 상황이 악화하거나 불리해지면 정복한 그 땅을 잃게 될 것입니다.

이제 다리우스 왕국의 정부 형태를 살펴보면, 투르크 왕국과 닮았다는 점을 발견하게 될 것입니다. 알렉산더는 정면 돌파를 통해서 결정적인 승리를 거두는 수밖에 없었습니다. 그 승리 이후 다리우스 왕이 죽었기 때문에 알렉산더 왕에게는 앞에서 말한 이유에 따라 확실하게 자기 권력을 유지할 수 있었습니다. 만약 알렉산더 왕의 후계자들이 일치단결했더라면, 그들은 자신들의 권력을 순조롭게 유지할 수 있었을 것입니다. 왜냐하면 그 왕국에서 일어난 분규와 분란들은 그들 자신의 행동에서 비롯된 것이었기 때문입니다.

그러나 프랑스와 같이 질서정연하게 조직된 국가들은 그와 같이 순탄하게 통치하는 것이 불가능합니다. 바로 이 점이 스페인, 프랑스, 그리스 지역에서 로마인에 의해 빈번하게 발생한 반란의 이유를 설명하고 있습니다. 왜냐하면 이러한 나라들에는 많은 군주국이 있었기 때문입니다. 이 군주국들에 대한 기억이 지속되는 한, 로마인은 이 영토들의 소유와 확보를 결코 확신할 수 없을 것입니다.

그러나 로마인의 지배가 오래 지속되면서, 이전 군주국들에 대한 기억이 퇴색되었을 때, 이들 지역에 대한 로마인의 지배는 확고해졌습니다. 또한 로마인은 후일 그 지역의 영주들이 서로 싸우면서 자중지란에 빠졌을 때, 각 지역의 지도자들이 해당 지역에서 획득한 권위를 이어받아 그 지역을 로마인이 지배할 수 있었습니다. 그리고 그 지역에서 과거 지배자였던 영주들의 혈통이 단절되었기 때문에, 그 지역에 대한 로마인의 지배 정당성(권위)을 받아들였던 것입니다.

위의 사실을 고려하면, 알렉산더 대왕이 아시아 국가들에 대한 지배를 쉽게 유지했던 사실이나, 피로스Pirro[5]와 다른 소왕국들에서처럼 여러 지배자가 정복지를 매우 어렵게 통치했다는 사실에 관해 의아스럽게 생각할 필요가 전혀 없을 것입니다. 이처럼 상반된 결과는 정복자의 비르투 여하에 따른 것이 아니라 정복된 지역들의 특성 차이에서 기인한 것이라고 말할 수 있기 때문입니다.

---

5) 피로스Pyrrhus(B.C. 319~272)는 그리스 북서부 왕국이었던 에피루스Epirus 왕국의 왕이었다. 로마와 카르타고와의 전쟁에서 승리했음에도 고대 도시국가들의 통치에는 실패한 사례로 제시하고 있는 절대군주이다. 마키아벨리가 보기에 피로스 왕의 경우 자국의 통치에는 유능하지만 자국 이외의 통치나 지배에는 적합하지 않은 인물로 피로스를 상징적으로 거론하고 있다.

제5장

점령되기 이전에 자신들의 법에 따라서 살아온 자치도시나 군주국은 어떤 방식으로 통치해야 하는가?

앞 장에서 언급한 것처럼 인민들이 스스로 만든 법에 따라서 자유롭게 사는데 익숙한 국가를 정복했을 경우, 그 나라를 다스리는 데에는 세 가지 방법이 있습니다.

첫째, 정복한 국가를 파괴하는 것이고, 둘째, 정복한 국가에 가서 거주하며 사는 것이며, 셋째, 정복한 국가의 법에 따라 계속해서 예전처럼 살게 내버려 두면서 공물을 바치게 하고, 정복자와 지속해서 우호적인 관계를 유지하는 소수의 사람으로 과두정부를 구성하여 지배하는 것입니다.

그 과두정부는 정복 군주에 의해서 세워졌기 때문에, 왕국의 존속은 새로운 군주의 선의와 권력에 의존한다는 점을 알 것이고 따라서 왕국을 존속하고 유지하기 위해 최선의 노력을 다할 것입니다. 만약 새로운 정복 군주가 자유와 자치를 누리면서 자유롭게 제도를 운용하는 데 익숙한 자치도시를 파괴하지 않고 다스리고자 한다면, 그러한 시민들을 이용하여 지배하는 방법보다 더 쉬운 방법은 없을 것입니다.

스파르타 인들과 로마인이 그와 같은 모범적인 사례를 보여줍니다. 스파르타인은 아테네와 테베를 정복한 뒤 과두정부를 세워 통치했습니다. 그러나 결국에는 이들 도시 국가에 대한 지배권을 잃고 말았습니다.

카푸아, 카르타고 및 누만티아를 지키기 위해서 로마인은 그 도시 국가들을 멸망시켰으며, 그렇게 하여 그 도시 국가들을 잃지 않았습니다. 로마인은 정복한 그리스 지역에 대해서 자치를 허용하고 그들의 법에 따라 살도록 허용함으로써 스파르타인이 했던 것과 유사한 방법으로 그리스를 통치하고자 했습니다. 그러나 이러한 방식의 지배는 성공적이지 못했고, 로마인은 자신들의 지배를 유지하기 위해 그리스의 많은 도시들을 멸망시키지 않을 수 없었습니다.

사실 도시를 멸망시키는 것이야말로 도시 국가들의 지배를 확보하는 확실한 방식이기 때문입니다. 자유로운 생활양식에 익숙한 도시 국가의 지배자가 된 자는 그 도시를 파멸시켜야 하며, 그렇지 않으면 그 도시에 의해서 도리어 자신이 파멸될 것을 각오해야 할 것입니다. 그것은 도시 국가에서 반란이 발생할 때, 지배 기간의 유용한 편익과 새로운 지배자로부터 발생한 이익에도 불구하고 결코 잊을 수 없는 자유의 열망과 이전 생활에서의 편익 등을 계기로 반란을 일으킬 수 있기 때문입니다.

지배자가 무엇을 하든 혹은 어떠한 조치를 하든, 지배자 스스로 내분을 조장하거나 주민들을 무질서하게 흩어 놓지 않으면, 시민들은 결코 자유라는 명분과 기존의 자율적인 제도를 절대로 잊지 않을 것입니다. 이는 마치 피사가 100년 동안이나 피렌체 지배하에서 그랬던 것처럼, 유리한 기회를 포착하게 되면 즉각적으로 이전 상태로 되돌리기 위해 반란을 꾀할 것입니다.

그러나 한 명의 군주 지배에 익숙한 도시나 국가는 그 군주의 혈통이 끊기면, 비록 예전 지배자의 혈통이 끊어져 없어졌더라도, 인민들에게는 여전히 복종의 습관이 남아 있게 마련입니다. 게다가 그들은 자신 중에서 누구를 군주로 추대할 것인가에 대한 합의도 쉽게 도달하기 어렵습니다. 더군다나 그들은 어떻게 자유로운 생활을 계속 영위할 수 있는지도 알지 못합니다. 결국 그들은 무기를 들어 반란을 일으키기에는 너무 시간이 걸리고, 지배자는 쉽게 그들의 지지를 확보할 수 있게 됨으로써 그들이 자신을 해치지 않을 것이라고 안심하게 됩니다.

그러나 공화국 내부에는 더 큰 반란의 움직임, 더 많은 증오, 복수에 대한 더 강렬한 욕망이 있게 됩니다. 인민들은 이전에 누렸던 자유에 대한 기억을 버리지도 않았고, 그러한 기억 속의 평온을 결코 잊을 수도 없습니다. 따라서 가장 확실한 방법은 그러한 공화국들을 멸망시키거나 아니면 직접 그곳에 거주하는 것입니다.

제6장

자기 군대와 비르투로 획득한
신생 군주국에 대하여

    제가 전혀 새로운 유형의 군주국들과 군주 및 국가 유형에 관해 이야기한다고 해도 전혀 놀랄 일이 아닙니다. 저는 여기에서 아주 위대하고 놀랄만한 사례를 소개하고자 합니다.

    이 사례를 소개하고자 하는 이유는 인간이 거의 항상 선인先人들의 행적을 따르며, 모방을 통해서 행동하기 때문입니다. 그러나 그런 행동이나 모방이 무작정 당신이 모방을 통해 도달하고자 하는 인물의 비르투를 항상 충족하고 갖출 수 있는 것은 아닙니다. 그럼에도 현명한 사람은 항상 탁월한 인물들이 행했던 방식을 따르거나 뛰어난 업적을 남긴 인물들을 모방하려고 노력합니다. 그것은 비록 그들의 비르투에는 필적하지는 못하더라도 적어도 어느 정도의 명예를 얻을 수 있기 때문입니다.

    이는 마치 숙련된 궁수가 목표물이 아주 멀리 떨어져 있을 때활을 쏘는 방법과 마찬가지로 행동해야 합니다. 숙련된 궁수는 자신이 가진 활쏘기 비르투를 잘 알고 있어서 좀 더 높은 지점을 겨냥하는 것과 같은 이치입니다. 궁수는 높게 겨냥하여 목표한 지점을 화살로 맞히기 위한 것이 아니라 목표물을 맞히기 위해 높은 지점을 겨냥하여 명중시켜야 하기 때문입니다.

그렇다면 저는 새로운 군주가 획득한 신생 군주국의 경우 중요한 것은 그 군주국을 유지하기 위해 만나는 어려움의 많고 적음이 아니라 새로운 군주의 비르투가 얼마나 많고 적으냐에 따라 군주국이 좌우된다고 말하고 싶습니다.

그리고 평범한 시민에서 군주가 된다는 것은 그가 비르투가 있거나 포르투나를 갖는다는 것을 전제로 해서, 이 둘 중 어느 하나는 새로운 군주가 감당해야 하는 어려움을 덜어주는 데 상당한 도움이 될 수 있을 것입니다. 그럼에도 그가 포르투나에 의존하는 정도가 더 낮다면, 자기 권력을 더욱 잘 유지할 수 있을 것입니다. 또한 그가 다른 국가들을 소유하고 있지 않아서, 본인이 직접 해당 국가에 거주하면서 다스리게 된다면 새로운 군주는 통치의 쉬움을 실감할 수 있을 것입니다.

포르투나가 아닌 군주 자신의 비르투에 의해 군주가 된 인물들을 역사적으로 보면, 모세, 키루스, 로물루스, 테세우스 등과 같은 인물들이 가장 뛰어난 예에 해당한다고 이야기할 수 있습니다.

그러한 인물 중에 모세는 단지 신의 말씀과 명령을 수행한 집행자에 불과하므로 논의의 대상에서 제외되어야 한다고 생각하는 사람도 있겠지만, 신과 대화할 만한 존엄과 가치가 있는 인물로 선택되었다는 신의 은총 자체만으로도 충분히 칭송받을 만한 인물입니다.

그러나 여기서는 키루스와 왕국을 건국하거나 정복한 다른 유형의 인물들을 검토해 보겠습니다. 그들의 매우 특별한 행동들이나 조치를 고려할 때, 위대한 선지자였던 모세의 행동이나 조치들과 별 다를 바 없이 매우 탁월한 인물들임을 알 수 있습니다.

그들의 행동과 생애를 검토해 보면, 자신들의 본질과 내면을 자신들이 생각하는 최선의 형태로 빚어낼 수 있었던 기회를 가졌다는 것 이외에 자신들의 포르투나에 의존하지 않았다는 사실을 분명하게 알 수 있습니다. 만약 그런 기회를 얻지 못했더라면 그들의 위대한 정신의 비르투는 소멸하였을 것이고, 또한 그들에게 그런 비르투가 없었더라면, 그런 기회 역시 무용지물이 되었을 것입니다. 따라서 모세에게는 유대인들이 이집트 왕국에서 노예 상태로 탄압받아야 하는 상황이 필요했으며, 유대인들은 이집트인의 박해를 벗어나기 위해 모세를 따라야 할 필요가 있었습니다.

로물루스가 로마의 건국자이자 왕이 되기 위해서는 그가 태어난 알바롱가Alba에서 태어나자마자 버려지는 일이 필요했습니다. 마찬가지로 키루스왕 역시 메디아 왕국의 지배에 불만을 품은 페르시아인들과 오랜 평화로 인해서 유약해진 메디아인이 필요했습니다. 테세우스 역시 아테네인들이 분열되어 있지 않았더라면 자기 모든 비르투를 발휘할 수 없었을 것입니다.

그러므로 이러한 기회들이 이 위대한 인물들에게 우연히 다가온 것이라면, 그들이 지닌 뛰어난 비르투는 그들이 이러한 기회들을 포착하여 활용하게 했고, 그들의 조국에 영광스러움과 행복을 가져오게 할 수 있었을 것입니다.

자신들의 비르투를 통해 군주가 된 인물들은 군주국을 정복하는데 다소 어려움을 겪지만, 일단 군주국을 정복하고 나면 쉽게 군주국을 유지합니다. 군주국을 얻기 위한 어려움들은 부분적으로 국가를 건국하고 안위를 보장받기 위해 도입해야 하는 새로운 방식과 질서로부터 만들어지는 것입니다. 이는 새로운 질서를 도입하여 지도자가 되고자 하는 것보다 통제하기 더 위험하고, 성공하리라는 확신도 불분명하다는 점을 분명하게 깨달을 필요가 있습니다.

왜냐하면 개혁자(신군주)는 구질서로부터 이익을 누리던 모든 사람을 적대적인 관계로 대면하게 되지만, 새로운 질서로부터 이익을 누리게 될 사람들은 기껏해야 미온적인 지지자로 남아 있기 때문입니다. 이렇게 미온적인 지지만 받는 이유는 잠재적 수혜자들이 한편으로 과거에 법을 일방적으로 전횡하던 적들을 두려워하고, 다른 한편으로 인간의 회의적인 속성상 자신들의 눈으로 확고한 결과를 직접 보기 전에는 새로운 제도를 신뢰하지 않기 때문입니다.

따라서 변화에 반대하는 적대 세력은 개혁자를 공격할 기회가 있으면 언제나 전력을 다하여 공격하는 데 반해, 그 지지자들은 오직 새로운 질서와 체제에 대해 미온적으로 행동할 뿐입니다. 결국 개혁적인 군주와 그를 지지하는 미온적인 지지자들은 커다란 위험에 처하게 될 것입니다.

그렇다면 이 문제를 철저하게 검토하기 위해서, 개혁자들이 자신들의 힘으로 지탱하고 있는지, 혹은 타인에게 의존하는지를 검토할 필요가 있습니다. 다시 말해, 그들의 과업을 성취하기 위해 타인에게 간청할 필요가 있는지 아니면 그들 스스로가 강력하게 힘을 갖출 수 있는지를 검토할 필요가 있습니다.

전자의 경우(타인에게 간청하는 경우), 결과가 나쁜 쪽으로 기울어지며, 결국은 아무것도 성취하지 못합니다. 그러나 그들이 자신들의 힘에 의지하여 개혁을 주도할 만한 충분한 힘이 있다면, 그들은 위험에 빠지지 않을 것입니다. 바로 이러한 이유로 군대를 갖춘(무장한) 선지자는 모두 성공했지만, 군대를 갖추지 못한 선지자는 실패했습니다.

군대를 갖추지 못한 선지자가 실패하는 것은 이외에도 인민이 변덕스럽기 때문입니다. 인민을 어떤 일에 대해 설득할 수는 있지만, 설득 상태를 유지하는 것은 어렵기 때문입니다. 인민이 당신과 당신의 계획을 더 이상 믿지 않게 된다면, 강제로라도 당신과 당신의 계획을 민중이 믿게끔 할 수 있어야 합니다.

만약 모세, 키루스, 테세우스 그리고 로물루스가 무장하지 않았더라면(군대가 없었다면), 그들 모두는 자신이 만든 새로운 정치 질서(헌정 체제)를 오랫동안 보전할 수 없었을 것입니다. 이는 우리의 현시대에서는 지롤라모 사보나롤라 수도사가 그런 경우입니다. 대중이 그러한 사보나롤라의 새로운 질서를 불신하자, 그는 몰락하였습니다. 사보나롤라는 자신을 믿지 않았던 자들에게 신뢰를 얻지 못했을 뿐만 아니라 자신을 믿었던 자들의 지지를 유지할 수 있는 수단도 없었던 것입니다.

이런 사례에서 보듯 제가 언급한 많은 개혁자는 수많은 어려움에 처하게 됩니다. 모든 위험은 그 과정 중에 발생하게 되며, 그러한 위험은 그들의 비르투를 통해 극복될 수 있습니다. 그럼에도 그들이 위험을 극복하고 그들의 성공을 시기하는 이들을 궤멸시키게 되면, 그들은 강력하고 확고하며 존중받는 성공한 개혁자로 남아 있게 됩니다.

이미 논의한 사례에 덧붙여 조그마한 사례 하나를 추가하겠습니다. 이 사례가 다른 사례들에 비해 덜 중요할지는 모르지만, 어느 정도의 유사성을 갖고 있으며 다른 모든 사례와 마찬가지로 전형적인 본보기가 될 것입니다. 그것은 시라쿠사Siracusa의 히에론Ierone 왕의 사례입니다.

히에론왕은 평범한 시민에서 시라쿠사의 군주가 되었습니다. 그는 아주 좋은 기회를 활용했는데, 그것은 단지 포르투나에 의한 것이 아니었습니다. 시라쿠사인가 절망적인 위기 상황에 몰렸을 때, 시라쿠사인은 히에론을 대장으로 선출하였습니다. 그는 자기 직무를 성공적으로 수행하여 군주가 되었습니다.

그는 평범한 일상의 생활에서도 대단한 비르투를 발휘했는데,

그에 관한 기록에는 그가 "군주가 되기 위해서 자신이 가지지 못했던 것은 왕국뿐이었다"라는 기록이 전해질 정도였습니다.

그는 구식의 군대를 해체하고 새로운 군대를 조직했으며, 기존의 낡은 동맹을 폐기하고 새로운 동맹을 체결했습니다. 자기 군대와 믿을 만한 동맹을 가지자마자 그는 이를 토대로 그가 원하던 국가를 세울 수 있었습니다. 결국 그에게 어려운 일이란 권력을 얻는 과업이었지, 권력을 유지하는 일은 아니었습니다.

제7장

타인의 무력과 포르투나로 획득한
신생 군주국에 대하여

　오직 포르투나에 의해 평민에서 군주가 된 이는 그다지 힘들이지 않고 군주의 지위에 오른 것이지만, 그 지위를 유지하는 데에는 많은 어려움을 겪습니다. 마치 쉽게 날아오른 것처럼 군주의 지위에 올랐기에, 처음에는 큰 문제가 없었지만, 군주가 된 이후에는 커다란 어려움에 처하게 됩니다.

　이러한 일들은 하나의 국가를 돈으로 사거나 타인의 은혜로 얻게 되었을 때 발생합니다. 이와 같은 사례는 이오니아와 헬레스폰투스의 여러 도시 국가들이 있던 그리스에서 많이 볼 수 있습니다. 다리우스 왕은 자기 왕권 강화와 영광을 위해 이오니아와 헬레스폰투스의 여러 도시 국가들에 군주들을 임명했습니다. 다른 유사한 사례로 평민이 군대를 매수하고, 부패하게 하여 황제의 지위에 오른 경우를 볼 수 있습니다.

이런 군주들의 지위는 그를 군주로 만든 자들의 의지와 포르투나에 전적으로 달려 있는데, 이 두 요소는 매우 불확실하고 자의적인 것에 의해 만들어진 것입니다. 이런 인물들은 자기 권력을 유지하는 방법을 알지도 못하며, 유지할 능력을 갖추고 있지도 못합니다. 이들은 지식이 적어서, 천재적인 지능과 비르투를 가지고 있지 않는 한, 포르투나를 가진 사람이 명령하고 통치하는 법을 알 것이라고 기대하기 어려울 것입니다. 게다가 그들은 친구를 만들거나 충성스러운 이들을 가질 능력이 없으므로 그리할 수도 없습니다.

더군다나 태어나서 빠르게 성장한 자연의 모든 생명체와 같이, 갑자기 빠르게 성장한 국가는 충분히 뿌리를 내리거나 줄기와 가지를 충분히 뻗을 여유가 없었기 때문에, 처음으로 맞이하는 악천후와 같은 역경에 의해 파괴되기도 합니다. 태생적으로 주어진 포르투나로 갑자기 군주가 사람들은 자신이 품고 있는 것을 지키기 위한 즉각적인 대응과 조치를 할 수 있을 만한 비르투를 갖추어야 합니다. 군주가 된 이후에 이러한 토대들을 갖추지 못했다면 나중에라도 이를 갖추어야 합니다.

앞서 언급한 것처럼, 군주가 되는 두 가지 방법, 즉 자기 비르투에 의해 군주가 된 경우와 포르투나에 의해 군주가 된 경우를 이탈리아 역사 속에서 두 사례를 제시하겠습니다. 하나는 프란체스코 스포르차F. Sforza와 체사레 보르자C. Borgia입니다.

프란체스코는 상황에 어울리는 적절한 방법과 자신이 지닌 대단한 비르투를 이용하여 일개 시민에서 밀라노 공작이 되었습니다. 그는 수많은 시련 끝에 얻은 작위를 그다지 큰힘을 들이지 않고 유지했습니다. 이에 비해 흔히 발렌티노Valentino 공작이라고 칭하는 체사레 보르자는 부친의 포르투나를 통해 영토를 획득했지만, 포르투나에 의해 자기 영토를 잃게 됩니다. 그는 매우 신중하고 비르투를 갖춘 인간으로서 자신이 획득한 영토에 뿌리를 내리고자 다른 이들의 포르투나와 군사력을 활용하였음에도 그는 결국 영토를 잃었습니다.

그것은 제가 위에서 이야기했던 것처럼, 처음에 자기 토대를 구축하지 못한 사람은 나중에 자기 위대한 비르투를 통해 과업을 이룩할 수도 있겠지만, 그러한 과정에서 수많은 시련에 부닥치게 되며 어렵게 완성된 구조물의 위험이 상존할 수 있기 때문입니다.

발렌티노 공작의 모든 과정을 전체적으로 숙고해 본다면, 그가 미래의 권력을 위해 강력한 토대를 구축하는 일을 완수했다는 사실을 알 수 있습니다. 신생 군주에게 모범적인 그의 행동들과 처신을 예시하는 것보다 더 좋은 사례를 찾아보기 어렵기 때문에, 그의 행동과 처신들을 논의하는 것이 무용하다고 생각되지 않았습니다. 그리고 비록 그의 노력이 종국에는 실패하고 말았지만, 그의 실패는 전적으로 예외적이며 다소 악의적인 포르투나의 극단적인 경우에 의한 것이기에 그의 잘못이라고 할 수는 없습니다.

부친이었던 교황 알렉산데르 6세는 아들인 발렌티노 공작을 위대한 인물로 만들려는 과정에서 그 과정 중에는 물론이며, 그 이후에도 수많은 어려움을 겪어야 했습니다.

첫째, 알렉산데르 6세는 아들을 교황령stato di Chiesa의 일부가 아닌 다른 지역의 군주로 만들 수 있는 방법을 찾을 수가 없었습니다. 그렇다고 만약 알렉산데르 교황 6세가 교황령 일부를 취해서 아들에게 주고자 한다면, 밀라노 공작과 베네치아인이 이를 용납하려고 하지 않을 것임을 잘 알고 있었습니다. 왜냐하면 파엔차Faenza와 리미니Rimini가 이미 베네치아인의 보호 아래 있었기 때문입니다.

이 문제 이외에도 알렉산데르 교황 6세는 이탈리아의 군사력(특히 그가 가장 쉽게 사용할 수 있었던 군사력)을 교황의 권력이 커지는 것을 가장 두려워하는 세력들이 분할하여 장악하고 있다는 점을 알았습니다. 이탈리아의 군사력은 오르시니파와 콜론나파와 그 추종자들이 장악하고 있었는데, 그들을 신뢰할 수 없었습니다.

따라서 이탈리아에 존재하던 이들 두 파벌이 장악하고 있던 기존 왕국들의 영토 일부라도 안전하게 확보하기 위해서는 이탈리아의 왕국들을 혼란스럽게 하여 그들 왕국 간 질서를 불안정하게 할 필요가 있었습니다.

이렇게 하는 것은 간단했는데, 베네치아인이 교황과는 다른 목적에서 이탈리아에 프랑스 세력을 종종 다시 불러들이려는 것을 잘 알고 있었기 때문입니다. 결국 알렉산데르 6세는 베네치아인의 이러한 의도를 반대하지 않았을뿐 아니라 프랑스 루이 왕의 첫 번째 결혼을 무효로 함으로써 오히려 혼란을 촉진했습니다.

그러자 프랑스왕은 베네치아인의 지원과 알렉산데르 6세의 지원으로 이탈리아에 침입했습니다. 루이 왕이 밀라노를 점령하자마자 교황은 먼저 로마냐를 정복하기 위해서 프랑스 군대를 일부 빌릴 수 있었으며, 루이왕은 자기 명성을 위해서 교황의 제안을 수용했습니다.

로마냐 지방을 점령하고 난 뒤 콜론나파를 축출한 뒤, 발렌티노 공작(체사레 보르자)은 로마냐 지방을 유지하고 좀 더 영토를 확장하려고 했으나, 두 가지 사안이 이를 방해했습니다. 하나는 보르자 자기 군대가 충성스럽지 않다고 본 점이며, 다른 하나는 프랑스의 진의를 알 수 없었다는 것입니다. 다시 말해, 그가 활용했던 오르시니파의 군대를 자기 통제에 둘 수 있는지 의심스러웠으며, 오히려 보르자가 영토를 확장하는 것을 방해할 뿐만 아니라, 그가 이미 획득한 영토마저 침략하지 않을까? 걱정되었습니다. 오르시아파뿐만 아니라 프랑스 왕 역시 이와 유사하게 행동할까 두려워했습니다.

보르자 공작은 오르시니파 군대의 충성심에 대해 의구심을 갖데 되었는데, 이는 파엔차를 점령한 후, 볼로냐로 진격했을 때 오르시니파 군대가 적극적이지 않은 군사적 행동을 보면서 이를 확신했습니다. 프랑스 왕의 진의 역시, 보르자가 우르비노 공국을 점령하고 토스카나로 진격했을 때 루이 왕이 보르자에게 공격을 그만둘 것을 권하는 것을 보면서 충분히 루이 왕의 의도를 알 수가 있었습니다.

그러자 보르자는 더 이상 타인의 군내와 포르투나에 의존하지 않기로 결심했습니다. 먼저 보르자는 로마의 오르시니파와 콜론나파에 속하는 많은 추종자의 세력을 약화시켰습니다. 이들 귀족을 자기 추종자로 만들기 위해 넉넉한 급여를 제공하고 많은 편의를 제공함으로써 두 파벌의 세력을 약화시켰습니다. 보르자는 이에 더하여 군사적인 계약을 맺는 과정에서 각자의 역량에 따라 대우하여, 적절한 군대 지위와 관직 등을 부여했습니다. 그 결과 불과 수개월 만에 전통적으로 이어지던 기존의 파벌에 대한 충성심을 버리고, 전적으로 보르자에게 충성하게 되었습니다.

그런 다음 보르자는 콜론나파의 지도자들을 먼저 분열시킨 후, 오르시니파의 지도자들을 섬멸할 기회를 노리고 있었습니다. 마침내 그러한 기회가 왔고 보르자는 이를 충분히 활용했습니다.

오르시니파는 뒤늦게 보르자와 교회의 강력한 세력이 자신들을 파멸시킬 것이라는 점을 깨달았기에, 페루자 지역의 마조네 Magione에서 회합을 개최하였습니다. 이 회합 이후 우르비노Urbino 지역에서의 반란, 로마냐 지방에서의 소요 등 끊이지 않는 수많은 위험이 보르자 공작에게 발생하지만, 보르자 공작은 이 모든 위험을 프랑스의 도움으로 극복할 수 있었습니다.

이러한 일을 통해 보르자의 명성을 되찾았지만, 보르자는 프랑스 왕뿐만 아니라 다른 외부 세력을 신뢰하지 않게 되었습니다. 외부 세력에게 의존하는 위험을 피하려고 보르자는 간계를 사용하려고 했습니다. 보르자는 교묘하게 자기 진심을 숨기고 파올로Paulo 영주를 통해 오르시니파의 지도자들과 화해했습니다. 보르자 공작은 파올로 영주를 안심시키려고 매우 정중하고 관대하게 예를 갖추고, 돈과 의상 및 말들을 준비하여 선물했습니다. 단순하게도 오르시니파들은 이를 믿고 시미갈리아Simigallia에 와서 보르자 공작의 수중에 들어가게 되었습니다.

이렇게 하여 보르자 공작은 오르시나파 지도자들을 죽이고 그들을 따르는 이들을 포섭함으로써 매우 확고한 권력 기반을 마련하였습니다. 보르자 공작은 우르비노 공국과 더불어 로마냐의 전 지역을 장악했습니다. 특히 로마냐 주민들이 자기 지배 아래에서 번영을 누리기 시작했기에, 로마냐 지방의 주민들이 자신을 지지하게 되었다고 생각했습니다. 보르자 공작이 로마냐 지역에서 시행한 정책들은 알릴만한 가치가 있으며, 다른 이들 역시 모방할 만한 가치가 있기에 저는 이 부분에 대한 논의를 꼭 진행하고자 합니다.

보르자는 로마냐 지방을 점령한 후, 이 지역이 무능한 영주들에 의해 통치되었다는 사실을 알게 되었습니다. 기존 영주들은 자신들의 인민들을 올바르게 다스리지 못하고 인민들을 약탈의 대상으로 삼았으며, 이에 따라 영주들 스스로가 질서를 지키는 이들이라기보다는 무질서를 일으키는 원인이었습니다. 그러한 결과 이 지역은 도둑질, 폭력 그리고 온갖 불법 행위가 만연하게 되었습니다. 이에 보르자는 이 지역을 잘 다스리고 통치하기 위해서는 인민들을 군주의 권위에 복종시키고 평화롭게 통치하기 위해 선정善政을 베풀어야 한다고 생각했습니다. 그렇게 하여 보르자는 조금 거칠고 잔인하지만, 일 처리를 잘하는 레미로 데 오르코Remirro de Orco

라는 인물을 로마냐 지방의 책임자로 임명하고, 전권을 위임하여 다스리게 하였습니다. 레미로는 짧은 시간 안에 이 지역의 질서와 평화를 회복했으며, 매우 위대한 명성을 획득하였습니다.

그 뒤 보르자 공작은 레미로의 지나치게 큰 권력으로 인해 지역 인민들의 반감 우려를 걱정했으며, 레미로의 과도한 권력을 우려하게 되었습니다. 따라서 보르자 공작은 로마냐 지역 중심부에 신망 있는 재판장이 관할하는 시민재판소를 설치하고, 자치도시마다 도시 변호사를 두어 관리하였습니다.

이는 그동안 실시한 엄격한 조치들로 인해 보르자 공작 자신이 인민들의 미움을 사고 있다고 판단했기 때문에, 이러한 인민들의 반감을 무마시키고 환심을 사기 위해서, 지금까지 실시한 다소 거칠고 잔인했던 조치들은 모두 보르자 공작의 지시가 아닌 보르자 대리인인 레미로의 잔인한 성격에서 비롯된 것이라는 점을 보여주고자 했던 것입니다.

보르자 공작은 적절한 기회를 포착한 뒤, 어느 날 아침 두 토막 난 레미로의 시체를 사형 집행 시 사용한 나무토막과 피 묻은 칼과 함께 체세나Cesena 광장에 전시했습니다. 이 참혹한 광경을 본 인민들은 한편으로는 만족해하면서도 다른 한편으로는 그러한 행위에 대해 놀랄 수밖에 없었습니다.

여기서 다시 처음으로 돌아가겠습니다. 이렇게 하여 보르자 공작은 자기 군대를 지휘하게 되었고, 자신을 위협할 수 있는 주변 세력 대부분을 물리쳤기 때문에 대단히 강력한 권력을 구축했으며, 위험 요인들을 제거하면서 상당한 안정적인 상황을 확보하게 되었습니다. 그런데 보르자 공작은 더 많은 영토를 점령하고자 했기에 프랑스 왕에 대해서는 매우 신중하게 대우하고, 처신했습니다. 보르자 공작은 프랑스 왕이 추후라도 왕 자신이 저지른 실수를 깨닫고, 자신의 계획을 허용하려 하지 않을 것이라는 점을 인식했기 때문입니다.

이러한 사실로 인해 보르자 공작은 새로운 동맹을 찾기 시작했고, 가에타Gaeta를 포위하고 있던 스페인 군에 대항하기 위해 나폴리 왕국을 향하여 군사적 행위를 취하려고 움직이던 프랑스 왕과 군대의 행동을 약화시키려는 계획을 시행하려 했습니다. 보르자 공작의 의도는 프랑스 왕과 군대를 안심시키려는 것이었으며, 만약 교황 알렉산데르 6세가 죽지 않았더라면, 그러한 그의 계획과 의도는 재빠르게 성공했을 것입니다.

이것이 보르자 공작이 당면한 과업에 처해 취한 조치와 통치 방식이었습니다. 그러나 미래에 대한 보르자 주된 걱정거리는 알렉산데르 6세에 이어 새로운 교황이 즉위하면, 보르자에게 적대적일 새 교황이 알렉산데르 6세가 자신에게 부여했던 많은 권력과 혜택을 박탈하지 않을까 하는 의구심이었습니다.

따라서 보르자 공작은 좀 더 확실하게 자신을 보호하려는 계획을 모색하였고, 네 가지 방법을 모색했습니다. 첫째, 보르자가 획득한 영토의 영주들 가문을 단절시킴으로써 새로운 교황이 이들 영주들에게 권력을 되돌려줄 기회 자체를 사전에 방지하는 것이었습니다. 둘째, 이전에 말한 것처럼 로마의 귀족들을 모두 자기편으로 끌어들인 다음 그들을 활용하여 새로운 교황을 견제하는 것이었습니다. 셋째, 가능한 한 최선을 다해 추기경단이 자신에게 우호적인 입장과 태도를 보이도록 유도하는 것이었습니다. 넷째, 알렉산데르 6세 교황이 죽기 전에 자기 권력을 크게 확장함으로써 외부의 도움 없이 그 어떠한 공격이라도 자기 힘으로 막아낼 수 있도록 하는 것이었습니다.

이 네 가지 방법 중 세 가지는 알렉산데르 6세가 사망할 무렵 이루었으며, 네 번째 방법 역시 거의 달성되어 가고 있었습니다. 그것은 영토를 빼앗은 지배자 중 소수만이 피해를 모면했지만, 대부분의 많은 가문의 권력을 박탈했으며, 대부분의 추기경들을 보르자 자신의 편으로 끌어들였기 때문입니다. 새로운 영토를 확장하는 과업을 위해 보르자는 토스카나 지방을 장악하려는 계획을 수립하였습니다. 이미 페루자Perugia와 피옴비노Piombino를 장악했으며, 피사가 보르자의 보호 아래 있었습니다.

게다가 보르자는 프랑스 세력을 더 이상 존중할 필요가 없어졌기에 피렌체를 건너뛰어 피사로 넘어갈 수 있었습니다. 이는 프랑스가 스페인에 의해 나폴리 왕국을 빼앗기게 되면서, 적대 관계에 있던 두 강대국은 서로 보르자 공작과 동맹을 맺기 위해 노력하지 않으면 안 될 지경에 이르렀기 때문이었습니다.

이 이후에 루카와 시에나는 한편으로는 피렌체인에 대한 시기심 때문에 다른 한편으로는 보르자에 대한 두려움으로 인해 곧바로 보르자에게 항복했습니다. 이러한 상황에서 피렌체는 달리 손 쓸 방도가 없었을 것입니다.

보르자가 이 모든 계획에서 성공했더라면(보르자의 모든 계획은 알렉산데르가 죽은 바로 그해에 실현될 수 있었습니다). 보르자는 막대한 군사력과 막강한 명성을 얻었을 것입니다. 따라서 견고한 자신만의 권력을 구축했을 것이며, 더 이상 타인의 포르투나나 군대에 의존하지 않고도 자기 힘과 비르투를 통해 권력을 구축할 수 있었을 것입니다.

그러나 보르자 공작이 계획 실행의 칼을 든 지 5년 만에 알렉산데르 6세 교황은 죽음을 맞이했습니다. 보르자는 오직 로마냐 지방만을 확고하게 장악하고 있었을 뿐, 나머지 영토는 강력한 두 적대 세력 사이에서 갈팡질팡 할 수밖에 없었습니다. 더군다나 보르자는 병에 걸렸으며 죽음을 눈앞에 둔 상황이었습니다.

그러나 보르자 공작에게는 꺾이지 않는 불굴의 정신과 탁월한 비르투가 있었고, 사람들을 자기편으로 만들거나 그렇지 않으면 파멸시켜야 한다는 것을 확고하게 이해하고 있었습니다. 비록 짧은 기간이었지만 권력의 견고한 토대를 성공적으로 구축했기에, 바로 앞에 존재하고 있던 강력한 군사력(프랑스와 스페인 군대를 의미함)이 없었더라면, 혹은 건강했더라면, 이 모든 어려움에 굴하지 않고 극복할 수 있었을 것입니다.

보르자 권력의 토대가 견고했다는 점은 다음 사실에서 알 수 있습니다. 로마냐의 인민들은 한 달 이상이나 그를 기다렸습니다. 로마에서 보르자는 육체적으로나 정신적으로 반만 살아있었던 상태였음에도 보르자는 안전했습니다. 게다가 발리오니Baglioni파, 비텔리Vitelli파, 오르시니Orsini파의 지도자들이 로마에 왔음에도, 보르자에 반하는 어떠한 반대나 선동도 할 수 없었습니다. 게다가 보르자는 비록 자신이 원하는 추기경을 교황으로 선출할 수는 없었지만, 적어도 자신이 반대하는 추기경이 교황으로 선출되는 일만은 막을 수 있었습니다.

교황 알렉산데르 6세가 사망했을 때, 보르자가 건강하기만 했더라면, 모든 일이 수월하게 해결될 수 있었을 것입니다. 율리우스 2세 교황이 선출되던 바로 그날, 보르자는 제게 다음과 같이 이야기했습니다. 보르자는 자기 부친이 사망했을 때 발생할 만한 모든 사태를 먼저 예상하였고, 모든 사태에 대비한 대응책도 마련해 놓았음에도, 정작 자기 부친인 교황 알렉산데르 6세가 사망했을 때, 본인 자신이 생사의 갈림길에 있게 될 줄은 결코 상상하지 못했다는 사실입니다.

그렇다면 이제 보르자 공작의 모든 행동들을 고려했을 때, 저는 보르자를 비난하고 싶은 생각이 없습니다. 오히려 보르자는, 상술한 바와 같이, 포르투나와 타인의 무력에 의해서 권력을 차지한 모든 사람이 본보기로 삼을 만한 가치가 있는 듯합니다. 왜냐하면 보르자가 커다란 목적과 야망을 품고 있었다는 점을 고려할 때, 보르자가 달리 행동할 도리가 없었기 때문입니다. 보르자의 이러한 계획에 반하는 오직 두 가지 점이 보르자의 기도를 좌절시켰는데, 그것이 바로 알렉산데르 6세의 단명과 본인의 병이었습니다.

그러므로 신생 군주국에는 다음과 같은 조치가 필요하다고 생각하는 군주는 다른 누구보다도 보르자 공작의 행적에서 생생한 모범 답안을 찾을 수 있을 것입니다. 그것은 적에게 효과적으로 대처하는 것, 동맹을 맺는 것, (무력이나 기만으로) 정복하는 것, 인민들로부터 충성과 공포심을 확보하는 것, 군대로부터 복종과 존경을 확보하는 것, 당신에게 해를 가하거나 가할 수 있는 자들을 무력화하거나 말살하는 것, 낡은 제도를 새로운 제도로 개혁하는 것, 엄격하면서도 친절하고 고결하면서도 관대하게 타인을 대하는 것, 충성스럽지 않은 군대를 해체하고 충성스러운 새로운 군대를 조직하는 것 그리고 왕이나 다른 지배자들과 동맹을 맺어 그들이 기꺼이 전하에게 호의를 베풀게 하거나 손해를 주지 않도록 주저하게 만드는 능력을 보르자 공작으로부터 취해야 할 것입니다.

만일 보르자 공작의 실수를 비판할 수 있다면, 오직 교황 율리우스의 잘못된 선출에 관한 사항인데, 그는 진정 잘못된 선택을 했던 것입니다. 왜냐하면 이미 말한 바와 같이, 보르자가 비록 자신이 선호하는 인물을 교황으로 옹립할 수 없었다 할지라도, 자신이 반대하는 인물이 선출되는 것을 막을 수는 있었기 때문입니다. 또한 보르자는 결코 자신이 피해를 준 적이 있었거나, 교황이 되고 난 뒤 자신이 두려워할 만한 추기경이 교황으로 선출되는 것을 막아야만 했습니다. 왜냐하면 인간이란 자신이 두려워하거나 미워하는 자에게 당연하게 피해를 주기 때문입니다.

추기경 중에서 보르자가 이전에 피해를 준 적이 있는 인물들은 산 피에로 아드 빈쿨라San Piero ad Vincula, 콜론나Colonna, 산 조르조 San Giorgio 그리고 아스카노Ascano였습니다. 그 외의 다른 추기경들 도, 루앙Roano의 추기경과 스페인 출신의 추기경을 제외한다면, 교 황이 되었을 때 그를 두려워했을 인물들입니다. 루앙의 추기경은 프랑스 왕국의 지지를 통해 강력한 권력을 가질 수 있었고, 스페인 출신의 경우 동향 출신인 데다 보르자의 은혜를 입은 적이 있었기 때문이었습니다.

따라서 보르자 공작은 그 누구보다 스페인 출신 추기경을 교 황으로 옹립해야 했으며, 그것이 어려웠다면, 산 피에로 아드 빈쿨 라가 아닌 루앙의 추기경이 교황으로 선출되도록 해야 했습니다.

높은 지위에 있는 인물들에게 새로운 은혜를 베풂으로써 과거 에 입은 피해를 잊도록 만들 수 있다고 믿는 것은 자기기만에 빠지 는 것입니다. 결국 보르자 공작은 차기 교황 선출 선거에서 치명적 인 실수를 범했으며, 이로 인해 자기 파멸을 자초했습니다.

제8장

사악한 방법을 사용하여
군주가 된 인물들에 관하여

그런데 일개 시민에서 군주가 되는 방법에는 포르투나나 비르투 덕분에 되는 방법 이외에도 다른 두 가지 방법이 더 있습니다. 그 가운데 하나는 공화국에 대해 다루는 곳에서 자세하게 논의할 수 있겠지만, 그렇다고 이를 뒤로 한 채 그냥 넘어갈 수는 없다고 생각합니다.

이러한 두 가지 방법은 일개 시민이 전적으로 사악한 수단을 써서 권력을 장악하는 방법이 하나이며, 다른 하나는 동료 시민들의 지지를 받아서 자기 조국에서 군주가 되는 방법입니다.

첫 번째 방법에 대해 논의하면서, 저는 예전 사례와 최근 사례 두 가지의 경우를 거론하고 자합니다. 이 방법에 대한 장점들에 대해 논의하지 않고서는 달리 설명할 수 없을 것입니다. 왜냐하면 이 방법을 모방하여 권력을 획득하고자 하는 군주들에게 이 두 사례만으로도 충분하다고 감히 말할 수 있기 때문입니다.

먼저 예전 사례로 시칠리아의 아가토클레스를 들어보겠습니다. 아가토클레스는 단순한 평민 출신도 아닌 아주 미천하고 낮은 집안 출신으로 시라쿠사Siracusa의 왕이 된 사람이었습니다.

시라쿠사의 왕이 되었던 시칠리아의 아가토클레스는 평민 출신di privata fortuna으로, 그것도 아주 미천하고 영락한 가문의 태생이었습니다. 아가토클레스는 도공陶工의 아들로 태어났으며, 항상 성장하면서 나쁜 짓을 일삼는 일관된 삶을 살았습니다. 그러나 아가토클레스의 악행에도 불구하고 정신의 비르투가 풍만했기에 군대에서 많은 공을 세우면서 여러 단계를 거쳐 결국 시라쿠사 군대의 총사령관 지위에 올랐습니다.

군 총사령관의 지위를 확보한 후, 아가토클레스는 군주가 되기로 결심하였습니다. 더욱이 아가토클레스는 타인의 도움이나 신세를 지지 않고 폭력을 사용하여 권력을 장악하려고 결심했습니다. 이 목적을 달성하기 위해 아가토클레스는 당시 시칠리아에서 전투 수행 중이던 카르타고인 하밀카르그Amilcare와 협력하는 지략을 담은 계획을 세웠습니다. 어느 날 아침 아가토클레스는 공화국의 중대한 사안을 결정해야 한다는 명분으로 시라쿠사의 인민들과 원로원을 소집했습니다.

소집된 사람들이 한 장소에 모이자, 약속된 신호에 따라 아가토클레스의 군인들이 모든 원로원 의원들과 시라쿠사의 부유한 귀족들을 살해했습니다. 이러한 참사를 저지른 후 그는 시라쿠사를 장악하고 아무런 저항 없이 통치했습니다.

비록 두 번이나 카르타고 군대에 패하여 카르타고 군대에 포위공격을 당했지만, 항복 직전의 시라쿠사를 지키는 방법을 보여주었고, 시라쿠사를 구해냈습니다. 아가토클레스는 시라쿠사 방어를 위한 최소한의 군대 일부만을 남겨둔 채, 나머지 군대를 이끌고 카르타고의 아프리카 본토를 공격했습니다. 그리하여 단숨에 시라쿠사를 카르타고인의 포위에서 구하고, 그들을 궁지에 몰아넣었습니다. 그렇게 되자 카르타고인은 아프리카 본국으로 철수할 수밖에 없었으며, 결국 시칠리아를 아가토클레스에게 넘겨줄 수밖에 없게 되었습니다.

그렇다면 아가토클레스의 행적과 비르투를 검토해 보면, 아가토클레스가 군주가 될 수 있었던 과업에 포르투나는 아무런 역할을 하지 않았거나 아주 조그만 역할만을 했음을 알 수 있습니다. 왜냐하면 앞서 말한 것처럼, 아가토클레스가 군대에서 승진하여 총사령관의 지위에 오르고, 군주가 되어 그 권력을 유지하기까지 담대하고 위험이 따르는 많은 결정들을 통해 지켜나가는 과정에서 누구의 호의에 의해서가 아니라 스스로 형성한 군사력과 수많은 계획들을 통해 갖은 난관과 위험을 극복했기 때문입니다.

그러나 시민들을 죽이고, 친구를 배신하였으며, 신의 없이 처신하고, 무자비하며, 반종교적인 것을 비르투라고 명명할 수는 없습니다. 그러한 행동을 통해서 권력을 획득할 수 있을지언정 영광까지 얻을 수는 없습니다.

그럼에도 아카토클레스 자신이 대담하게 위기에 맞서고 그 위기를 타개하면서 보여준 비르투와 어려움을 견디면서 극복하면서 발휘한 불굴의 의지를 고려한다면, 아가토클레스는 그 어떤 유능한 장군이나 지휘관과 비교해도 전혀 손색이 없다고 판단할 수밖에 없습니다. 그렇다고 해서 아가토클레스가 잔인한 행동과 처사를 범하고, 수많은 악행을 저질렀다는 점을 간과함으로써 아가토클레스를 역사상 위대한 인물들 사이에 두고 훌륭한 인물이라고 평가할 수는 없습니다. 결국 아가토클레스가 성취했던 것 중 그 어느 것 하나도 전적으로 포루투나 혹은 비르투에 의존한 것이라고 이야기할 수는 없습니다.

두 번째 사례는 최근 경우로 올리베로토Oliverotto 사례입니다. 올리베로토는 알렉산데르 6세의 재임 기간에 살았던 인물입니다. 올리베로토 부친이 일찍 죽었기 때문에 어렸을 적부터 페르모Fermo 출신인 외삼촌 조반니 폴리아니Giovanni Fogliani에 의해서 유년 시절을 보냈습니다. 이후 청년 시절에 파올로 비텔리Paulo Vitelli에게 보내져 군사 훈련을 받았으며, 이 시기 올리베로토는 아주 뛰어난 군사적 재능을 선보여 출세할 기회를 얻게 되었습니다.

이후 파올로가 죽고 난 뒤, 올리베로토는 파올로의 동생인 비텔로초Vitellozzo 밑에서 군사 업무를 수행했습니다. 짧은 기간임에도 올리베로토는 천재적인 재기와 아주 영특한 기지를 발휘하여 비텔로초 군대 휘하에서 가장 높은 지위에 오른 군인이 되었습니다.

그러나 그는 다른 사람의 지휘하에 있는 것이 굴욕적이라고 생각했기 때문에, 조국의 자유보다는 올리베로토의 지배 아래에 있는 것을 원하는 비텔리 가문의 지원과 페르모의 일부 시민들의 도움으로 페르모의 권력을 장악하기로 결심했습니다.

이에 올리베로토는 외삼촌인 조반니 폴리아니에게 편지를 썼습니다. 편지에는 올리베로토 자신이 오랫동안 고향으로부터 멀리 떨어져 살았기에 돌아가서 외삼촌과 자기 도시를 돌아보고, 자기 유산도 확인하고자 한다는 생각을 담았습니다. 올리베로토는 계속하여 자신이 그동안 노력한 이유는 오직 명예를 얻어서 자기 고향 시민들에게 자신이 아무런 할 일 없이 시간을 보내지 않았다는 것을 보여주고자 한다고 썼습니다. 이를 위해 명예롭게 귀향하고자 자기 친구들과 부하 중에서 선발한 100명의 기병을 직접 인솔하여 귀향하고 싶다고 말했습니다. 나아가 올리베로토는 조반니에게 페르모의 시민들이 자신을 적절한 예우를 갖추어 영접할 수 있게 주선해 줄 것을 간청했습니다. 그리고 그러한 준비와 과정이 단순히 자신뿐만 아니라 유년기 자신을 양육했던 조반니 외삼촌에게도 명예로운 일이 될 것이라고 덧붙였습니다.

이에 조반니는 자기 외조카를 진정을 담아 최대한의 예우를 갖추어 맞이했습니다. 또한 조반니가 선처하여 페르모의 시민들에게도 올리베로토를 정중하게 맞이하도록 했습니다. 이후 올리베로토는 조반니의 저택에 머물게 되었으며, 여기에서 올리베로토가 기획한 음모를 진행하기 위하여 며칠 동안 필요한 만반의 준비를 비밀리에 마쳤습니다. 올리베로토는 실행 날짜에 공식 연회를 개최하였으며, 연회에 조반니 폴리아니와 페르모의 저명한 시민들을 함께 초대했습니다.

연회의 만찬과 관례적인 여흥이 끝나자, 올리베로토는 알렉산데르 6세 교황과 그의 아들 체사레 보르자의 막강한 권력과 다양한 업적들을 이야기하면서 그러한 업적들 관련 모종의 심각한 주제에 대해 거론했습니다. 조반니와 다른 이들이 올리베로토의 이야기에 대해 대답하자, 올리베로토는 갑자기 일어나서 그런 문제의 논의는 좀 더 은밀한 장소에서 나눌 필요가 있다고 제안했습니다. 그러고 나서 올리베로토는 연회장과 다른 방으로 들어갔고, 조반니와 다른 시민들 역시 올리베로토의 뒤를 따라 방으로 들어갔습니다.

다른 방으로 들어간 이들이 자리에 앉자마자, 숨어 있던 올리베로토의 병사들이 튀어나와 조반니와 다른 모든 방 안의 사람들을 살해했습니다. 이러한 학살을 실행에 옮긴 뒤, 올리베로토는 말을 타고 도시 곳곳을 돌아다니며 도시를 장악했으며, 주요 관료들과 행정 관리들의 집을 포위했습니다. 이들 관료와 행정 관리들은 너무나 겁에 질려 올리베로토에게 복종하게 되었으며, 올리베로토는 새로운 정부를 구성하고, 스스로 페르모의 군주가 되었습니다. 자신에게 해를 끼치거나 위협을 가할만한 모든 저항 세력을 제거한 후, 올리베로토는 새로운 민정民政과 군제軍制를 통해 권력을 확립했습니다. 그리고 권력을 잡은 지 1년 만에 페르모시에서 확고한 권력 기반을 구축했을 뿐만 아니라, 모든 인접 도시 국가들에도 두려운 존재가 되었습니다.

전술한 바와 같이, 오르시니파의 지도자들과 비텔로초 비텔리니가 시니갈이아Signigallia에서 포로로 잡혀있을 때, 올리베로토 역시 체사레 보르자의 속임수에 빠지지 않았더라면, 올리베로토를 축출하는 것은 아가토클레스를 축출하는 것만큼이나 어려웠을 것입니다. 하지만 외삼촌을 죽인 후 1년 만에 올리베로토 역시 시니갈리아에서 체포되었으며, 비르투와 모든 악행의 모범적인 스승이었던 비텔로초와 함께 체사레에게 교살당하고 말았습니다.

아마도 아가토클레스나 그와 유사한 다른 인물들이 수없이 많은 배신과 잔인한 악행을 저지르면서도 어떻게 자기 국가를 안전하게 오랫동안 통치하면서 외세의 침입에도 잘 방어했음은 물론 시민들의 음모나 반정부 활동에도 무사히 자기 정치권력을 유지할 수 있었을까? 의아하게 생각하는 이들이 당연히 있을 것으로 생각합니다. 왜냐하면 대개의 많은 지배자들은 통치를 위해 잔인한 악행을 저지르는 상황이든, 혹은 언제 어떻게 될지 모르는 불확실한 전쟁은 말할 것도 없으며, 평화 시에도 자기 권력을 유지할 수 없었기 때문입니다.

제가 보기에 이러한 차이가 발생하는 것은 잔인한 악행이 어떻게 이루어졌는가, 다시 말해 악행일지라도 잘 조치가 되었는지 혹은 잘못 조치하거나 대응하였는지에 따라 그러한 차이가 발생한다고 믿습니다.

만약 그러한 조치들이 잘 이루어졌다는 것은(나쁜 일에도 '잘[bene]'이라는 단어를 사용할 수 있다면), 자기 안전을 위해서 불가피하게 이루어졌다는 것을 의미합니다. 더욱이 이러한 조치들이 한꺼번에 실행되었다는 것을 말하며, 실행 이후에는 그러한 조치들이 지속되는 것이 아니라 신민들에게 가능한 한 유익하고 선한 조치로 변경된다는 것을 의미합니다.

이에 반해 그러한 조치들이 잘못male 이루어졌다는 것은 처음에는 실행 빈도가 낮았지만, 시간이 흐를수록 감소보다는 증가하는 경우를 의미합니다.

아가토클레스가 그랬던 것처럼, 전자의 방법을 따르는 군주들은 신과 인간을 활용하여 자기 상황을 호전시킬 수 있는 몇몇 유용한 대응책을 마련할 수 있습니다. 그러나 후자의 방법을 따르는 군주들은 자신과 자기 권력을 유지할 수 없게 됩니다.

따라서 국가를 정복한 이는 국가권력 탈취 이후, 자신이 실행해야 할 필요가 있는 모든 악행과 가혹 행위를 결정해야 하며, 모든 악행과 가혹 행위를 한꺼번에 실행에 옮김으로써 일상적으로 반복할 필요가 없도록 조치해야 한다는 사실을 명심해야 합니다. 그렇게 하면, 그는 절제를 통해서 민심을 수습하고, 시혜를 베풀어 민심을 자기편으로 끌어들일 수 있습니다.

소심하거나 판단력이 부족하여 이와같이 행동하지 않는 사람은 언제 어디서든지 항상 칼을 손에 쥐고 있어야 합니다. 그렇지 않으면 자신이 그의 신민들을 의지하거나 믿을 수도 없을 뿐만 아니라 그의 신민들 역시 그러한 통치자를 믿고 의지할 수 없을 것입니다.

모든 악행과 가해 행위는 한꺼번에 실행되어야 하며, 그래야만 그 악행과 가혹 행위들이 그리 크게 느껴지지 않기 때문이며, 그럴수록 그러한 행위에 대한 반감이나 분노가 작아질 수 있기 때문입니다. 반면에 자비로운 은혜는 조금씩 베풀어야 하며, 그래야만 그 은혜의 크기와 감사함을 더욱 크게 느낄 수 있게 됩니다.

그리고 군주는 다른 무엇보다도 자기 신민들과 함께 살아야 합니다. 함께 살게 되면 환경이나 여건이 좋건 나쁘건 간에 우발적인 사태로 인해 자기 행위와 태도를 바꾸지 않아도 됩니다. 그렇지 않으면 비상 상황에서 단호한 조처할 시간적 여유를 가지지 못할 것이며, 그런 상황에서는 군주가 베푼 어떠한 은혜도 자신에게 도움이 되지 않을 것이기 때문입니다. 그러한 은혜는 인민의 입장에서는 마지못해 베푼 시혜 정도로 인식하여 아무런 믿음이나 감사함을 느낄 수 없기 때문입니다.

제9장

시민 군주국에 관하여

이제 군주가 되는 다른 유형, 즉 악행이나 허용할 수 없는 폭력의 방식이 아닌 평범한 시민이 주변 시민들의 호의에 의해서 군주가 되는 사례를 거론해 보겠습니다. 이러한 유형은 시민 군주국 principato civile이라고 할 수 있습니다. 시민 군주의 지위에 오르기 위해서는 전적으로 비르투나 포르투나만으로 군주가 될 수 있는 것은 아니며, 오히려 포르투나를 잘 활용하는 현명함이 필요합니다. 이와 같은 유형의 군주가 되는 방법에는 인민populo의 호의에 의한 방법과 귀족(상류계급; grandi)의 호의에 의한 방법이 있을 것입니다.

그 이유는 모든 도시에 인민과 귀족이라는 두 계급이 존재하기 때문입니다. 이러한 두 개의 서로 다른 계급이 존재하는 것은 인민은 귀족에게 지배당하거나 억압당하는 것을 원하지 않고, 귀족들은 인민을 지배하고 조종하기를 원하기 때문입니다. 도시에 존재하는 이러한 다른 두 가지 요인으로 인해 초래될 수 있는 세 가지 결과로 구체화 될 수 있는데, 이 세 가지 결과물이 군주정principato, 공화정libertà 그리고 무정부licenza 상태입니다.

여기에서 말하는 군주정이란 인민이나 귀족 중 어느 한쪽이 기회를 잡아 권력을 장악하느냐에 따라 탄생하게 됩니다. 귀족은 인민의 저항에 견딜 수 없을 때, 자신 중의 어느 한 사람에게 명성을 집중시켜 지배자 추대한 다음, 그 지배자의 보호 아래 귀족들의 욕망을 충족시키고자 합니다. 이에 반해 인민은 귀족에게 대항할 수 없음을 깨달을 때, 귀족들과 마찬가지로 자신 중의 한 사람에게 명성을 집중시켜 지배자로 옹립한 뒤, 그 지배자의 권위를 통해서 자신들을 보호하려고 합니다.

귀족의 도움으로 군주가 된 사람은 인민의 도움으로 군주가 된 사람보다 권력을 유지하기가 훨씬 더 어렵다는 점을 깨닫게 될 것입니다. 왜냐하면 자신을 군주와 대등하다고 생각하는 많은 사람이 군주 주위에 있어서 군주 스스로가 원하는 대로 명령을 내리거나 귀족들을 원하는 대로 통제할 수 없기 때문입니다. 이에 반해 인민의 지지를 받아 군주가 된 사람은 자기 힘으로 통치할 수 있는데, 주위에 군주에게 대항하거나 반대할 사람들이 없거나, 있어도 소수에 불과하기 때문입니다.

게다가 군주가 타인에게 해를 끼치지 않고 명예롭게 행동하여 귀족들을 만족시키기는 어렵지만, 이와는 반대로 명예롭게 행농하는 것으로 인민들은 만족시킬 수 있습니다. 왜냐하면 인민의 목적은 귀족의 목적보다 더 정직하고 명예로운데, 귀족의 목적은 단지 억압하는데 있지만, 인민의 목적은 단지 억압에서 벗어나는 데 있기 때문입니다.

또한 군주는 적대적인 인민을 상대하여 자신을 안전하게 보호하는데 한계가 존재하는데, 무엇보다 인민은 그 수가 너무나 많기 때문입니다. 반면에 적대적인 귀족들로부터 자신을 보호하는 일은 그리 어렵지 않은데, 이는 귀족들의 수가 상대적으로 매우 적기 때문입니다.

적대적인 인민들로부터 군주가 당할 수 있는 최악의 사태는 인민들로부터 고립되어 버림을 받는 것입니다. 그러나 적대적인 귀족들로부터는 고립되어 버림받을 수 있을 뿐만 아니라 귀족들이 군주에게 반역을 할 수 있다는 점을 경계해야 합니다. 귀족들은 여러 가지 상황을 예측하고 교활한 측면이 있어서, 귀족들 자신을 보호하기 위해서 계획적으로 차근차근 행동하며, 승리의 가능성이 있다고 믿어지는 이에게 환심을 사려고 합니다.

또한 군주는 항상 같은 인민과 살아야 하는 것이 필연적이지만, 같은 귀족들이 없더라도 잘 살면서 일을 할 수 있습니다. 왜냐하면 원할 때면 언제든지 군주는 귀족들의 명성을 부여할 수 있는데, 필요로 작위나 명예 그리고 권력을 줄 수도 있고 빼앗을 수도 있기 때문입니다.

이 점을 좀 더 분명히 하기 위해서 저는 귀족들에 대한 두 가지 유형화를 고려할 필요가 있다고 말하고자 합니다. 첫 번째 유형의 귀족들은 군주의 포르투나에 자신들의 운명을 전적으로 결부시켜 행동하거나, 아니면 그와는 반대로 전혀 상관없이 행동합니다. 전자와 같이 자기 운명을 군주와 결부하는 귀족들이나 지나치게 탐욕스럽지 않은 귀족들의 경우 명예를 부여하고 존중해야 합니다.

그러나 후자처럼 군주에게 자기 운명을 결부하지 않은 귀족들에게는 귀족들의 그런 행동에 얽힌 두 가지 다른 이유를 구별해야 합니다. 만약 귀족들이 소심하거나 천성적으로 용기가 없어서 그와 같이 행동한다면, 군주는 그들을 잘 활용해야 합니다. 특히 그러한 귀족들이 가진 훌륭한 조언 능력을 잘 활용해야 하는데, 이는 그러한 이들이 번영의 시대에는 군주를 명예롭게 할 것이며, 비록 고난의 시기라 할지라도 그들을 그리 두려워할 필요가 없기 때문입니다.

그러나 귀족들이 교활하거나 음흉한 야심을 품고 군주의 운명과 결부하지 않는다면, 그것은 귀족들이 군주의 이익보다 귀족 자기 이익을 더 중요하게 생각한다는 증거입니다. 따라서 군주는 이런 귀족들을 매우 조심스럽게 관찰해야 하며, 마치 공공의 적인 것처럼 두려워할 필요가 있습니다. 그러한 귀족들은 군주가 고난에 처하면 언제라도 군주를 파멸시키기 위해서 갖은 노력을 다할 것이기 때문입니다.

한편 인민의 호의로 군주가 된 사람은 인민의 환심을 계속해서 유지할 수 있도록 노력해야 합니다. 인민은 오로지 억압받지 않기를 원하기 때문에 이러한 일을 하는 것이 어렵지 않습니다. 그러나 인민의 뜻을 거스르고 귀족들의 호의에 의해서 군주가 되었을 때는 무엇보다도 먼저 인민의 환심을 얻지 않으면 안 될 것이며, 이는 군주가 인민의 보호자로서 역할을 하게 되면 쉽게 이룰 수 있을 것입니다.

그리고 인간이란 자신을 박해하리라 믿었던 이로부터 은혜를 받는다면 그런 시혜자에게 더 복종하고 순응하기 마련입니다. 더군다나 인민은 자신들의 호의로 권력을 잡은 군주보다 이러한 군주에게 좀 더 우호적인 경향을 나타냅니다. 군주가 인민을 자기편으로 끌어들이는 데에는 많은 방법이 있는데, 이러한 방법들은 상황에 따라 매우 다양하므로 분명하고 명확한 원칙들을 수립하기 어렵습니다. 이 문제는 여기서 논하지 않기로 하겠습니다.

다만 저는 군주가 자신에게 호의적인 인민을 확보하는 것이 필수적이라는 결론에 도달하고자 합니다. 그렇지 않으면 고난에 처했을 아무런 대책도 세울 수 없는 상태에 빠질 것이라고 결론을 내리고자 합니다.

스파르타의 군주 나비스Nabide는 그리스의 모든 도시 국가들의 공격은 물론 승승장구하고 있던 로마 군의 포위공격을 잘 견뎌내어 자기 국가와 정치권력을 지킬 수 있었습니다. 나비스에게는 그러한 위기가 닥쳤을 때, 오직 소수의 귀족을 제압하는 것으로 그러한 위험을 극복하는데 충분했습니다. 만약 스파르타의 인민이 나비스에게 적대적이었더라면, 그러한 최소한의 조치만으로는 위기를 극복하는데 충분하지 못했을 것입니다.

이러한 저의 의견에 대해 "인민 위에 서 있는 자는 진흙 위에 서 있는 것과 같다"라는 진부한 격언을 인용하면서 제 주장을 비난해서는 안 될 것입니다. 이 격언은 인민들의 호의를 얻어 권력을 장악한 평범한 시민이 적이나 관리들에 의해서 어렵고 위태로운 상황에 처해 있을 때 인민이 그를 구원하러 올 것이라는 믿음을 표현할 때 사용할 수 있는 것입니다.

그와 같은 경우는 로마의 그라쿠스 형제나 피렌체의 조르조 스칼리Giorgio Scali 사례에서 볼 수 있듯이, 종종 자기 꾀에 스스로가 넘어갔을 때 볼 수 있는 것입니다.

그러나 인민의 지지를 토대로 군주가 된 이는 인민을 통치하는 방법을 알며, 용맹이 뛰어나서 역경에 처해도 절망하지 않고 자기 기백과 제도를 통해 인민이 사기를 잃지 않도록 할 수만 있다면, 인민에게 배반당하는 일은 절대 없을 것이며 자기 권력이 견고한 토대 위에 구축되어 있다는 사실을 알게 될 것입니다.

일반적으로 이러한 군주국들은 시민적 통치에서 절대적인 체제로 전환하려고 할 때, 커다란 위기와 난관에 부닥치게 됩니다. 왜냐하면 이러한 유형의 군주는 인민을 통제하거나 치안 관리들을 통해 지배하기 때문입니다. 후자의 경우 군주의 지위는 치안을 담당하는 시민들의 선의에 전적으로 의존하게 됨으로써 더욱 약화하거나 매우 위태로워질 수 있습니다. 특히 어려움에 처하거나 위기 상황에서 인민은 반란을 일으키거나 군주에 대한 복종을 거부함으로써 군주를 아주 쉽게 국가에서 몰아낼 수 있을 것입니다.

그러한 위기 상황에서 군주가 절대적 권위를 장악할 만한 충분한 시간을 확보하기 어렵습니다. 왜냐하면 시민cittadini이든 신민sudditi이든 일상적으로 치안 담당 관리들의 명령을 따르는 데 익숙하지 않아서 군주에게 복종할 자세가 되어 있지 않기 때문입니다.

　또한 이러한 불확실한 시기에 군주가 자신이 믿고 의지할 수 있는 사람들은 항상 부족할 것입니다. 군주는 평화의 시기에나 있을 만한 상황을 기대하기 어렵습니다. 그러한 시기란 시민들이 군주의 정부(국가)를 필요로 할 때를 의미합니다. 이러한 평화의 시기에는 누구나 군주에게 달려와 충성을 맹세하며, 국가를 위해 목숨을 바칠 각오가 되어 있다고 이야기합니다. 그러나 막상 국가가 위기에 처해 시민들의 희생과 봉사가 필요할 때는 그러한 시민들을 보기가 어렵기 때문입니다.

　시민들의 충성도를 시험해야 하는 이러한 상황은 군주의 입장에서는 처음이자 마지막이 될 수 있다는 점에서 매우 위험한 경험이 될 것입니다. 따라서 현명한 군주라면 어떠한 상황에 처하든지 시민들이 정부와 군주를 믿고 따를 수 있도록 만반의 준비와 조처해야 하며, 그렇게 해야만 시민들이 언제나 군주에게 충성할 것입니다.

제10장

모든 군주국의 국력은
어떻게 측정되어야 하는가

이러한 군주국들의 특징을 검토하고자 할 때 염두에 두어야 할 것이 하나 있습니다. 즉 군주가 위급하거나 필요할 때 자신을 지켜낼 수 있을 만한 충분한 권력을 가지고 있는가? 아니면 항상 타인으로부터 도움을 받아야 하는가의 문제입니다.

이 문제를 보다 명확히 하기 위해서 저는 다음과 같이 이야기하고자 합니다. 만일 군주가 자기 국가와 권력을 공격하는 어떠한 세력에 맞서 전쟁이나 전투를 수행할 만한 충분한 군사력과 재정 능력이 있다면, 그러한 군주는 자기 국가와 정치권력을 방어할 수 있습니다.

같은 맥락에서 말하자면, 전장에서 적과 정면으로 맞설 수 없어 자기 성벽 뒤로 숨어서 적군을 방어해야 하는 군주라면, 항상 타인의 도움이 필요하다고 판단합니다. (타인의 도움으로 국가와 정치권력을

_{지켜야 하는)} 첫째 유형의 경우에 대해 이미 논의했지만, 추후 필요할 때 좀 더 상세하게 논의하겠습니다.

(타인의 도움으로 국가와 정치권력을 지켜야 하는) 둘째 유형의 경우에 관해 이야기하자면, 그러한 통치자는 성 밖에는 신경 쓰지 말고 자기 도시에 성벽을 튼튼히 쌓고 식량을 충분히 비축해야 한다고 권고하는 것 말고는 별다른 조언을 할 수 없습니다.

그렇게 하면 외부 세력은 자기 도시를 잘 요새화하고 신민들을 이미 언급한 방법대로 다루는 통치자를 공격하는 데 한참 망설일 것입니다. 왜냐하면 무릇 인간이란 매우 힘들 것으로 예상되는 전투를 시작하는 것을 언제나 꺼리기 때문입니다. 그리고 인민들에게 미움을 받지 않고 잘 방어된 도시를 지배하는 군주를 공략하는 것은 결코 쉽지 않음을 알 것입니다.

독일의 도시들은 완전히 독립적이고, 농촌지역의 영토를 별로 가지고 있지 않으며, 그들이 원할 때만 황제에게 복종합니다. 그들은 자신들 주변을 둘러싸고 있는 황제나 다른 인접 도시들을 두려워하지 않습니다.

이는 독일 도시들은 방어가 잘 되어 있어 그 도시들을 포위하여 공격하는 일이 누구에게나 대단히 지난하고 힘겨운 과업이라고 생각하기 때문입니다. 이들 도시는 모두 강력한 성벽과 외호(_{성벽 밖을 둘러싼 물이 흐르는 도랑과 같은 천)}로 둘러싸여 있으며 충분한 대포를 보유하고 있습니다. 또한 창고에는 1년분의 충분한 식량과 식수 및 장작 등의 연료가 항상 비축되어 있습니다.

더군다나 이외에도 공공 재정의 지출 없이도 평민들이 1년 동안 일상생활 유지에 필수적인 직업에 종사하며 생활할 수 있도록 할 수 있으며, 이를 통해 평민들이 생계유지가 가능할 수 있도록 만들수 있습니다. 또한 이 도시들은 군사 훈련을 지속해서 실시하며, 군사 훈련을 유지하기 위하여 많은 규정을 제정하였습니다.

그러므로 견고한 도시를 가지고 있으면서 인민에게 미움을 받지 않는 군주는 어떤 공격에도 안전합니다. 그러한 군주를 공격하는 이는 그 어떤 이라 할지라도 종국에는 수치스러운 퇴각을 감수해야 할 것입니다. 왜냐하면 너무나 가변적인 세상사에서 그렇게 견고한 성벽을 가진 도시를 군대로 포위한 채 1년 내내 별로 하는 일 없이 지내는 것이야말로 불가능하기 때문입니다.

누군가 "만약 도시 성벽 밖에 농지를 가지고 있는 인민이 자기 재산이 파괴당하는 것을 본다면, 인내심을 잃게 될 것이며, 도시에 대한 포위가 지속되면 농지에 대한 애착으로 군주를 향한 충성심이 약해진다."라고 반론할 수도 있습니다. 그러나 저는 신중하고 현명한 군주는 자기 신민들에게 그러한 역경과 고난이 오래 지속되지 않으리라 믿도록 설득하고 희망을 주며, 적의 잔혹함에 대해서 경각심을 일깨우고, 성 밖으로 나가 싸우자고 떠들어대는 자들을 효과적으로 통제함으로써 그러한 위기를 극복할 수 있다고 대꾸하겠습니다.

게다가 적군은 아마도 도착하자마자 성 밖의 외곽 지역을 불태우고 파괴하겠지만, 이때는 신민들의 사기가 아직은 드높고 성을 지키고자 하는 각오가 되어 있을 것입니다. 따라서 며칠이 지나면 신민들의 흥분은 가라앉게 되며, 피해는 이미 발생했고 희생이 발생한 이후라는 상황에서 이에 대해 더 이상의 조처를 할 수 없는 상태가 됩니다.

더욱이 신민들이 군주를 방어하기 위해 자신들의 집이 불타고 재산이 약탈당하는 상황이 되었다는 점에서, 군주가 신민들에게 은혜를 베풀어야 하는 상태가 되었다고 생각하기 때문에, 모두 하나로 뭉쳐 더욱 군주와 혼연일체가 됩니다. 왜냐하면 인간은 본질적으로 자신이 받은 은혜는 물론 베푼 은혜를 통해서도 유대감이 강화되는 존재이기 때문입니다.

따라서 이 모든 점을 조심스럽게 고려해 볼 때, 필요한 식량과 방어 수단을 갖추고 있는 동안에는, 포위공격 이전이나 이후에 상관없이 현명한 군주가 신민들의 사기를 유지하는 일은 그리 어렵지 않으리라는 사실은 명백합니다.

제11장

교회 군주국에 대하여

이제 교회 군주국을 논의하는 일만 남아 있는데, 교회 군주국이 처한 모든 어려움은 교회 군주국이 되기 전에 발생한 것입니다. 그런데 교회 군주국은 비르투를 통해서든 혹은 포르투나를 통해서든 만들어질 수 있지만, 교회 군주국을 유지하는 일에는 둘 중 어느 것 하나도 필요하지 않은 문제가 존재합니다. 이는 교회 군주국들은 예전부터 종교 제도에 의해서 유지되었으며, 그 제도들은 군주가 어떻게 살고 행동하든 군주의 지위를 유지할 수 있을 만큼 매우 강력했기 때문입니다.

군주들은 국가와 정치권력을 획득했지만, 이를 방어할 필요가 없었으며 신민들을 다스리기 위해 노력할 필요도 없었습니다. 그리고 국가를 방어하지 않았다는 이유만으로는 국가를 그들로부터 탈취당하지 않습니다. 또한 신민들이 제대로 통치되지 않는다는 이유만으로 그다지 크게 개의치 않습니다. 신민들은 군주를 몰아낼 수도 없으며 그럴 생각도 하지 않습니다. 그러므로 이들 교회 군주국만이 유일하게 안전하며 행복합니다.

그러나 이러한 종교 국가들은 인간의 정신을 초월한 신적인 권능에 의해 통치되기에, 여기서 논의하지 않겠습니다. 이들 종교 국가는 신에 의해서 건국되고 유지되기 때문에 이를 검토하고 논의하는 매우 오만하고 경솔한 인간의 태도이자 판단이라고 할 수 있습니다.

그렇다고 하더라도 교황 알렉산데르 6세 즉위 이전에는 이탈리아 주요 정치 세력들은 교회의 세속 권력을 그다지 중요하게 생각하지 않았습니다. 이는 흔히 이야기하는 강대국들뿐만 아니라 하위 권력이라 할 수 있는 일개 영주나 심지어 가장 미약한 세력이라 할 수 있는 하급 귀족들마저 그와 같이 생각하였습니다. 그런데 어떻게 해서 교회의 세속 권력이 이제는 프랑스 왕과 같은 인물마저도 두려워할 만큼 강력해졌는지에 대한 의문을 가진 이들이 존재하고 있습니다. 왜냐하면 교회 권력은 프랑스 왕을 이탈리아에서 몰아냈을 뿐만 아니라 베네치아 공화국마저도 몰락시켰기 때문입니다. 일련의 이러한 사건과 과정은 이미 널리 알려진 것이지만, 이를 여기서 다시 상기한다고 해서 불필요한 논의라고 보지 않습니다.

프랑스의 국왕 샤를 8세가 이탈리아를 침입하기 이전 이탈리아 반도는 교황령, 베네치아 공화국, 나폴리 왕국, 밀라노 공국 그리고 피렌체 공화국의 지배 아래에 있었습니다.

이들 강력한 세력들은 주로 두 가지 원칙을 견지하고 있었습니다. 하나는 외국 세력이 이탈리아를 무력으로 침공해서는 안 된다는 것이고, 다른 하나는 이탈리아의 어느 세력도 더 많은 영토와 권력을 가져서는 안 된다는 것이었습니다.

이들 세력 중 가장 큰 우려의 대상이 된 세력은 교황령과 베네치아 공화국이었습니다. 베네치아 공화국을 견제하기 위해서 다른 세력들은 페라라 공국 방어 시와 같이 군사적 동맹을 결성했습니다. 그리고 교화의 권력 견제를 위해 로마의 귀족들이 활용되었습니다. 로마 귀족들은 오르시니와 콜론나라는 두 개의 주요 파벌로 분열되었기에 이들 두 세력은 항상 서로 반목하고 대립하기도 했지만, 동시에 교황 앞에서 무장할 정도의 강력한 세를 과시하며 교황의 권위를 취약하고 무력하게 만들었습니다.

간혹 식스투스 4세와 같이 용기 있는 교황이 즉위하기도 했지만, 그의 포르투나나 지혜도 이러한 난관을 극복하기에는 부족하였습니다. 이러한 원인에는 교황 재위 기간이 짧다는 점도 주요 요인이라 할 수 있는데, 대부분 교황의 재위 기간은 10년 정도였습니다. 이렇게 짧은 교황 재위 동안 어느 한 파벌을 제거하기란 매우 어려운 일이기 때문입니다. 설혹 어떤 교황이 콜론나파를 제거하는 데에 거의 성공했다고 하더라도, 그다음에는 오르시니파에 적대적인 다른 교황이 즉위하여 콜론나파가 재기할 수 있도록 협조하는 상황과 결과를 초래하곤 했습니다. 그렇다고 그 교황이 오르시니파를 제거할 만큼 충분한 시간이 있었던 것도 아닙니다. 이러한 상황은 일시적인 교황의 세속 권력이 이탈리아에서 거의 무시되는 결과를 가져왔습니다.

그런데 알렉산데르 6세가 교황에 즉위하면서, 알렉산데르 6세는 역대 어느 교황보다 탁월하게 재정과 군사력을 통해 얼마나 많은 것을 성취할 수 있는가를 증명했습니다. 발렌티노 공작을 자신의 권력 유지 수단으로 활용하여, 프랑스의 침입으로 발생한 기회를 충분히 이용하면서, 발렌티노 공작의 행동들을 통해 제가 앞서 언급한 모든 성과와 과업을 이루는데 성공했습니다.

비록 알렉산데르 6세의 목적이 교회 세력의 확장과 강화가 아니라 발렌티노 공작의 권력 강화와 확장이었지만, 교황이 사망하고 발렌티노 공작이 몰락한 이후 교회가 알렉산드로 6세 교황의 유지를 이어받음으로써 교회 권력은 강화되었습니다.

이후 율리우스 교황이 즉위했는데, 율리우스 교황은 교회가 이미 강력한 권력을 가졌다는 사실을 알았습니다. 교회는 로마냐 전 지역을 장악했고, 로마의 귀족들은 세력이 약화되었으며, 주요 파벌들 역시 교황 알렉산데르 6세의 공격으로 몰락했습니다. 게다가 일렉산데르 6세 교황 이전에는 한 번도 사용하지 않았던 공개된 방법을 통해 율리우스 교황은 금전적으로 축재할 기회를 갖게 되었습니다.

이에 율리우스 교황은 자신이 물려받은 것을 유지했을 뿐만 아니라 확대했습니다. 율리우스 교황은 볼로냐를 자기 영향력 아래 두었으며, 베네치아를 몰락시켰고, 프랑스 군을 이탈리아에서 퇴각시킬 계획을 세웠습니다. 율리우스 교황의 이 모든 계획은 성공하였으며, 더욱 커다란 영예와 칭송을 얻게 되었습니다. 더군다나 이러한 과업을 진행하는 데 있어 사사로운 이익을 위한 것이 아닌 교회 권력 확대라는 목적으로 계획을 이룩할 수 있었습니다.

또한 율리우스 교황은 오르시니파와 콜론나파를 그러한 목적에 따라 무기력한 상태로 둘 수 있었습니다.

비록 그들 파벌 중 몇몇 지도자들이 반란을 획책하기도 했지만, 두 가지 요인이 이를 가로막고 있었습니다. 첫째, 교회의 권력이 매우 강력해서 그 파벌들을 압도할 수 있었으며, 둘째, 어느 파벌이든 그들을 지도할 수 있는 추기경이 없었다는 사실입니다. 추기경이라는 지위는 파벌 간 반목과 갈등의 원인이었는데, 이들 파벌이 자기 분파 출신 추기경이 선출되는 순간, 언제나 분규와 반목을 일으킬 가능성이 있었습니다. 로마 안팎으로 추기경을 중심으로 파벌들이 형성되는 것은 바로 이러한 이유였으며, 추기경이 속한 귀족들은 자신들의 세력을 강화하고 추기경을 보호하지 않을 수 없게 되는 것입니다. 이처럼 고위 성직자들의 정치적 야망이야말로 귀족들 간 모든 알력과 분쟁의 근원이었던 것입니다.

이렇게 하여 교황 레오 10세 성하는 현재와 같은 매우 강력한 교황권pontificato을 가지게 되었습니다. 전임 교황들이 자기 군대를 통해 교황권을 더욱 강력하고 위대하게 만들었다면, 이제 레오 교황께서는 무한한 교황 성하의 비르투를 통해 교황권이 더욱 위대하고 존경받을 수 있는 대상으로 만드실 것을 기원합니다.

제12장

군대의 다양한 종류와 용병

지금까지 저는 처음에 밝혔던 다른 모든 유형의 군주국에 대해서 상세하게 논의하고자 했던 사항들에 대해 살펴보았습니다. 이들 다양한 유형 군주국들의 번영과 쇠퇴 등을 논했으며, 그 번영과 쇠퇴의 이유에 관해서도 검토하였고, 많은 이들이 군주국을 획득하고 유지하기 위해 사용한 방법들 역시 살펴보았습니다. 이제 제가 논의해야 할 것은 앞서 언급한 군주국들에 적합한 공격과 방어에 관한 일반적인 원칙과 논리에 대한 것입니다.

앞 장에서 군주가 권력의 확고한 토대를 갖추는 것이 얼마나 필요한가를 상세하게 서술했습니다. 만약 그렇지 못한 군주는 항상 몰락할 수밖에 없다고 이야기했습니다.

세습 군주국이든 신생 군주국이든 혹은 복합 군주국이든 모든 국가의 주된 토대는 훌륭한 법률과 잘 훈련된 군대입니다. 좋은 군대가 없으면 훌륭한 법률을 갖추기란 불가능하며, 좋은 군대가 있는 국가는 항상 훌륭한 법률을 갖추고 있기에, 일단 저는 법률문제의 논의는 뒤로 미루고, 우선 군대 문제에 대해 논의하고자 합니다.

그런데 군주가 자기 국가를 방어하는 데에 사용하는 군대는 자신의 군대이거나, 아니면 용병 혹은 외국으로부터 지원받은 외국군, 또는 이 세 가지 유형이 혼합된 혼성군이라고 저는 이야기하고 싶습니다.

용병과 외국지원군은 무익하고 위험합니다. 자기 영토 보전을 위해 용병에 의존하는 군주는 그 누구라도 자기 영토를 결코 안전하게 보존할 수 없습니다. 왜냐하면 용병이란 분열되어 있고, 야망이 가득하며, 훈련이 잘되어 있지 않으며, 신의가 없기 때문입니다. 그들은 동료들과 있을 때는 용감하게 보이지만, 강력한 적과 맞부딪치게 되면 나약해지고 비겁해집니다. 그들은 신에 대한 경건함이 없으며, 인간에 대한 신의나 믿음이 없습니다. 그러한 군주의 파멸은 적의 공격이 지연되고 있는 동안만 단지 연장되고 있을 뿐입니다. 결국 평화 시에는 용병들에게 약탈당하고, 전쟁 시에는 적들에게 약탈당하게 됩니다.

용병들에게는 보잘 것 없는 보수 이외에 당신을 위해 전쟁에 나가 생명을 걸고 싸울만한 어떠한 가치나 이유도 없기 때문입니다. 당신이 전쟁하지 않을 때는 그들이 기꺼이 당신의 군인이 되고자 하지만, 만약 전쟁이 일어나게 되면 도망가거나 탈영합니다.

이탈리아가 최근에 겪은 시련은 실제로는 다른 특정한 이유라기보다도 너무나 오랜 세월 동안 용병에 의존해서 영토를 지키고자 한 데서 비롯되었습니다. 이 점을 주장하기 위해 그다지 큰 노력을 기울일 필요조차 없습니다.

물론 이들 용병 중 몇몇은 적에게 맞서 진격하기도 했으며, 다른 용병들과의 전투에서 용맹스럽게 보이기도 했습니다. 그러나 1494년 프랑스 샤를왕이 군대를 이끌고 이탈리아에 침입했을 때, 이들 용병의 면모가 확실하게 드러났습니다. 이렇게 프랑스의 샤를왕은 이탈리아를 아무런 힘들이지 않고 점령할 수 있었습니다. 우리의 잘못으로 인해 이러한 사태를 초래했다고 이야기하는 사람이야말로 진실을 이야기한 것입니다. 그러나 그것은 그렇게 이야기한 이가 믿었던 죄악(종교적 입장에서 믿었던)이 아니라 제가 서술한 죄악(정치적이고 군사적인 면에서) 때문이었습니다. 그리고 이는 군주들의 과오로 인한 것이었기에 군주들 역시 대가를 치르게 되었습니다.

저는 이러한 유형의 군대들이 갖는 결함을 좀 더 명확히 보여주고 싶습니다. 용병대장들은 매우 유능한 인물이기도 하지만 그렇지 못한 인물도 있습니다. 만약 용병대장들이 유능한 인물이라면, 당신은 용병대장들을 신뢰해서는 안 됩니다. 그 이유는 용병대장들은 항상 자신을 고용한 당신을 공격하려 하거나 당신의 의사에 반해 다른 이들을 공격함으로써 오로지 용병대장 자신들의 권력에 대한 의지를 열망하기 때문입니다. 그렇지만 만약 용병대장이 그저 그런 평범한 인물이라면, 당신은 당연하게 몰락하게 될 것입니다.

혹 용병이건 아니건 그 누구라도 무력을 자기 마음대로 행사할 수 있는 사람은 누구라도 이런 방식으로 행동할 것이라고 반론을 제기한다면, 우선 저는 무력이란 군주 혹은 공화국에 의해 사용되어야 한다는 원칙에 따라 답변하고자 합니다. 전자의 경우, 군주는 군의 통수권자로서 친히 군대를 통솔하고 지휘해야 합니다. 후자의 경우, 공화국은 시민 중 한 사람을 지휘관으로 임명하여 파견해야 합니다. 만약 이렇게 임명된 이가 유능하지 못하다고 판단되었을 땐 교체해야 합니다. 또한 파견된 지휘관이 유능하다면, 그 지휘관이 월권하지 않도록 법적이고 강제적인 통제 수단을 확보해야 할 것입니다.

경험에 의하면 자기 군대를 갖춘 군주와 공화국만이 역사적으로 전진할 수 있었으며, 용병을 통한 군사력으로는 그 어떤 과업도 성취하지 못하였을 뿐만 아니라 오히려 해만 입었을 뿐입니다. 일개 평범한 시민이 권력을 쟁취하는 사례는 외국 군대에 의존하는 공화국보다 자기 군대를 갖춘 공화국에서 더욱 일어나기 어려운 법입니다.

수 세기 동안 로마와 스파르타는 자력으로 무력을 갖추었고 독립을 유지했습니다. 그런데 오늘날 스위스는 적절한 군비를 갖추고 있으며 완전한 독립을 유지하고 있습니다.

역사적으로 고대 용병제 사례로 언급할 가치가 있는 경우는 카르타고의 용병 사례입니다. 로마와의 첫 번째 전쟁이 끝난 후 카르타고인 용병대장들이 자국민이었음에도 카르타고가 고용한 용병의 공격으로 거의 정복당할 뻔했습니다.

유사한 경우로 에파미논다스(테베의 장군이었던)의 사망 이후, 테베 인들은 마케도니아의 필리포스 2세를 테베 군의 총사령관으로 임명했는데, 필리포스 2세는 전쟁에서 승리한 이후 테베 인들의 자유를 박탈하였습니다.

필리포Filippo(밀라노의 공작) 공작이 죽은 후, 밀라노인은 프란체스코 스포르차를 밀라노 군대의 총사령관으로 고용하여 베네치아에 대항했습니다. 그러나 스포르차는 카라바조Caravaggio에서 베네치아인을 격파한 후, 베네치아인과 연합하여 자신을 고용한 밀라노인을 공격하여 정복했습니다.

나폴리의 조반나Giovanna 여왕 군대의 장군이었던 스포르차의 부친 스포르초Sforzo는 갑자기 나폴리 군대를 무장 해제했으며, 결국 조반나 여왕은 자기 왕국을 지키기 위해 아라곤의 왕에게 도움을 청하지 않으면 안 되었습니다.

비록 베네치아인과 피렌체인이 과거 용병을 고용해서 자신들의 영토를 확장했지만, 그 용병대장들은 고용한 국가의 권력을 탈취하지 않고 영토를 방어해 주었습니다. 따라서 이 문제에 관해서는, 피렌체 공국은 매우 운이 좋았다는 것이 저의 소견입니다. 왜냐하면 피렌체 공국에 위협이 될 만했던 유능한 장군 중 일부는 결정적인 전투에서의 승리를 거두지 못했고, 다른 일부는 저항에 부딪혔으며, 또 다른 일부는 자기 정치적 야망을 위해 다른 지역으로 갔기 때문입니다.

그들 중 전투에서 승리하지 못한 용병대장은 존 오컷(호우커드; Giovanni Aucut)인데, 존 오컷의 신의나 충성심을 확인할 수는 없지만, 사람들은 존 오컷이 전투에서 승리했다면 피렌체가 그의 수중에 장악되었을 거라는데 의견을 같이합니다.

스포르차 집안 출신들은 항상 브라체시Bracceschi의 군대와 경쟁 관계에 있었기 때문에, 두 파벌은 서로 견제했습니다. 프란체스코Francesco는 롬바르디아에서 자기 야망을 이루기 위해, 그리고 브라초Braccio는 교황령과 나폴리 왕국에 대항하여 야망을 이루고자 했습니다.

그러면 더 근래에 발생한 사례(1498년 피렌체에서 발생한 사건)를 들어보겠습니다. 피렌체인들은 파올로 비텔리를 용병 대장으로 임명했는데, 그는 매우 유능한 지휘관으로 일개 평범한 시민의 신분에서 시작하여 매우 높은 명성을 얻은 인물입니다. 만약 그가 피사를 점령했더라면, 피렌체인이 그를 계속해서 용병대장으로 고용할 수밖에 없었을 것이라는 점에 대해서 누구도 이의를 제기하지 않을 것입니다. 만약 그가 피렌체의 경쟁국 용병대장으로 임명되기라도 했더라면, 피렌체인은 비텔리에 맞서 싸우거나 그로부터 피렌체를 방어할 수단이 없어 매우 곤경에 처했을 것입니다. 그렇다고 비텔리를 용병대장으로 계속 고용했더라면, 비텔리에게 피렌체인은 굴복하여 그의 지배 아래에 있었을 것입니다.

베네치아인의 발전사를 보면, 그들은 자신들의 군대로 육지로 전투 공간을 확대하기 전까지는 전쟁을 수행했을 때 그들 영토가 매우 안전하고 영광스러운 승리를 가져왔다는 사실을 알 수 있습니다. 베네치아인은 전쟁 시 귀족과 무장한 인민들을 훈련시켜 용감하고 엄청난 비르투를 갖고 전투에 임했습니다. 그러나 베네치아인이 육지로 나가 전투를 시작하면서 자신들만의 비르투를 포기하고 이탈리아의 전통적인 전쟁 습관을 따르기 시작했습니다.

베네치아인이 처음 육지로 영토를 확장하기 시작했을 때, 베네치아인은 용병 대장들을 두려워할 만한 특별한 사유가 없었습니다. 왜냐하면 그 당시에는 베네치아로 병합된 육지 영토가 많지 않았으며, 베네치아인의 전투력은 명성이 아주 높았기 때문입니다.

그러나 베네치아인은 카르미뇰라Carmignola 용병대장의 지휘로 육지 영토를 확장하면서 자신들의 잘못을 명백하게 깨닫게 되었습니다. 베네치아인은 카르미뇰라의 지휘 아래 밀라노 공작을 패퇴시켰기 때문에, 카르미뇰라의 비르투가 매우 뛰어나다는 점을 알게 되었습니다. 그러나 동시에 카르미뇰라가 전쟁을 마지못해 수행하고 있다는 점도 깨달았습니다. 결국 베네치아인은 카르미뇰라가 전쟁 승리에 대한 열망이 별로 없었으며, 카르미뇰라를 용병대장으로 고용하여 지속적인 전쟁 수행이 불가능하다고 판단하게 되었습니다. 그렇지만 카르미뇰라를 해고함으로써 획득한 육지의 영토를 다시 잃고 싶지도 않았습니다. 결국 베네치아인은 자신들과 영토를 보호하기 위해 카르미뇰라를 죽일 수밖에 없었습니다.

그 후 베네치아인은 용병대장으로 바르톨로메오 다 베르가모Bartolomeo da Bergamo, 로베르토 다 산세베리노Roberto da Sanseverino, 피틸리아노Pitigliano 백작(니콜로 오르시니를 지칭함) 및 그들과 유사한 이들을 용병대장에 임명했습니다. 그러나 베네치아인이 걱정했던 것은 이들 용병대장이 승리한 뒤 생길지 모르는 위험에 대한 것보다는 이들 용병대장이 전투에서 패배할지도 모른다는 우려였습니다. 실제로 이러한 우려는 나중에 바일라Vailà 전투에서 현실화 하였는데, 베네치아인은 단 한 번의 전투에서 그간 선대의 베네치아인들이 800여 년 동안 노력을 기울여 성취한 많은 것들을 일거에 잃고 말았습니다. 이처럼 용병을 고용한다는 것은 결과적으로 시간이 오래 걸리면서 사소한 이익들이 발생할 수도 있지만, 매우 급작스럽고 충격적으로 커다란 손실을 가져올 수밖에 없는 방식입니다.

지금까지의 사례들은 오랫동안 용병에 의해 좌우된 이탈리아에서 발생한 것들이기에 좀 더 다양한 여러 사례들을 거론하여 논의해 보고자 합니다. 용병의 기원과 발전 과정을 검토해 본다면, 용병이 갖는 문제점들을 해결하고 바로잡을 수 있을 것이기 때문입니다.

그렇다면 어떻게 해서 최근 이탈리아에서 황제의 권력이 그 기반과 토대를 상실하게 되었음에도 불구하고, 교황의 세속 권력이 증대되었는가를, 그리고 어떻게 해서 이탈리아 반도가 수많은 크고 작은 국가들로 분열되었는가를 이해해야 합니다. 이는 이탈리아의 많은 자치도시에서 신성로마제국 황제의 지지를 등에 업고 시민들을 억압하던 귀족들에 대항하여 무력적인 저항이 일어났고, 교회 역시 자기 세속 권력을 확대하기 위해서 이러한 반란을 조장했기 때문입니다. 이와 더불어 많은 다른 자치도시에서 평범한 시민들이 군주가 되기에 이르렀습니다.

그런데 주로 교회와 몇몇 공화국들이 이탈리아를 지배하게 됨에 따라서, 성직자들과 군사적 전투나 전술 등에서 경험이 없는 평민 출신 군주들이 외부인들을 고용하여 전투를 치르기 시작했습니다.

로마냐 출신 알베리고 다 코니오Alberigo da Conio가 이런 군사적 전술에서 용병부대의 명성과 평판을 처음으로 널리 알렸습니다. 이후에 다른 용병들이 등장했는데, 그중에는 당대 이탈리아를 지배했던 브라초와 스포르차의 용병이 가장 널리 알려지고 명성을 떨쳤습니다.

그들의 뒤를 이어 오늘에 이르기까지 용병을 지휘하는 많은 다른 용병 대장들이 이탈리아에 포진하게 되었습니다. 그리고 그들이 세운 빛나는 비르투의 종말은 샤를왕에게 공략당하고, 루이 왕에게 약탈당했으며, 페르난도 왕에게 유린당하고, 스위스인들에게 수모를 당하게 되었습니다.

이러한 결과를 초래한 요인에는 우선 용병대장들은 자기 명성을 높이고자 보병의 역할과 전술을 약화하는 것이었습니다. 용병대장들은 자신들이 애국심을 발휘할 조국도 없는 데다 누군가로부터 고용되어야만 의식주를 해결할 수 있었으므로, 수적으로 작은 보병은 용병의 명성을 높이는 데 도움이 되지 않았습니다. 그렇다고 하여 대규모 보병을 유지하기에는 더더욱 어려움이 있었습니다. 그런 이유로 그들은 일정한 수입을 유지하고 어느 정도의 명성을 보존하는데 적절한 규모의 기병을 거느리게 되었습니다. 이러한 결과로 2만 명 규모의 용병 군대에서 보병이 고작 2천 명 정도에 지나지 않는 사태가 초래되었습니다.

게다가 용병들은 가능한 모든 수단을 동원하여 자신과 자기 병사들이 겪는 고통과 위험을 덜어주고자 했으며, 전투 중에도 서로 죽이는 상황이 벌어지는 일도 별로 없었습니다. 그 대신 그들은 적군을 포로로 생포했으며, 포로를 풀어주는 대가를 요구하지도 않았습니다. 더군다나 용병들은 성벽으로 둘러싸인 자치도시를 야간에 공격하지도 않았으며, 자치도시를 방어하는 용병들 또한 자신들을 공격하는 용병들을 공격하는데 망설였습니다. 혹 야영을 할 때도 용병들은 성벽이나 외호로 주위를 방어하지도 않았을뿐더러 겨울에는 전투 자체를 하려고 하지 않았습니다.

이러한 모든 행동은 용병 제도 안에서 허용된 것이며, 제가 앞서 말한 것처럼 이러한 모든 일들은 수고와 위험을 피하려고 군대의 규율로서 허용되고 채택되었습니다. 이러한 그들의 모든 활동의 결과로 이탈리아는 노예화되었으며, 수모를 당하게 되었습니다.

제13장

(지)원군, 혼성군, 자국군에 관하여

(지)원군이란 당신이 외부의 강력한 통치자에게 군사적 도움을 요청했을 때 당신을 도와 당신의 영토를 지켜주기 위해서 파견된 군대를 말하는데, 이 또한 용병처럼 무익한 군대라고 말할 수 있습니다. (지)원군의 최근 사례는 교황 율리우스에 의해 활용된 사례에서 볼 수 있습니다. 율리우스 교황은 자기 용병부대가 페라라 전투에서 별 성과를 거두지 못하자, 스페인의 페르난도 왕과 협정을 맺어 자신을 도울 지원 군대를 파견하게 함으로써 (지)원군을 이용했던 것입니다.

이러한 (지)원군은 그 자체로서는 유익하고 효과적이지만, (지)원군에 의지하는 자에게 거의 대부분의 경우 유해한 결과를 초래하게 됩니다. 왜냐하면 만약 (지)원군이 패배하면 이를 요청한 이 역시 몰락하게 되며, (지)원군이 승리하게 되면 당신은 그들의 포로가 될 것이기 때문입니다.

물론 이전의 고대 역사에서 이와 유사한 사례들을 충분히 발견할 수 있지만, 저는 최근 발생한 교황 율리우스 2세의 생생한 사례로부터 출발하고 싶습니다. 교황 율리우스 2세의 이와 같은 지원군 요청 결정은 너무나 성급했다고 평가할 수밖에 없습니다. 페라라를 얻기 위해서 외국 군주의 손아귀에 자신을 맡겨버렸다는 것은 생각할 수도 없는 일이었습니다.

그러나 그는 매우 좋은 포르투나 덕에 잘못된 정책 선택으로 초래된 최악의 결과를 감수하지 않아도 되었습니다. 왜냐하면 그가 출정을 요청한 (지)원군들이 라벤나에서 패배했을 때, 스위스 군이 도착하여 율리우스 교황과 다른 이들의 예상을 뒤엎고 승자인 프랑스를 몰아냈습니다. 그 결과 율리우스 교황은 도주한 적들의 포로가 되지도 않았고, 게다가 최종적으로 승리를 거둔 군대가 (지)원군이 아니라 다른 외국 군대인 스위스 군이었으므로, (지)원군의 처분을 기다리는 포로가 되는 상황에 처하지도 않았습니다.

이런 상황에서 피렌체는 군사력을 전혀 갖추고 있지 않았기에, 피사를 정복하기 위해 필요한 군사력 보강을 위한 1만 명의 프랑스 군대를 끌어들였습니다. 이러한 군사적 결정으로 인해 피렌체는 피렌체 역사상 가장 어렵고 힘든 위기를 맞이했습니다.

마찬가지로 동로마 제국 콘스탄티노플의 황제는 동족과 싸우기 위해 1만 명의 투르크 군사들을 그리스로 불러들였습니다. 그러나 전쟁이 끝난 후에도 투르크 군대는 자기 국가로 돌아가려 하지 않았으며, 결국 이를 기회로 그리스는 이교도인 투르크의 지배에 들어가게 되었습니다.

그러므로 승리하지 않는 것을 원한다면 이러한 (지)원군을 활용해도 될 것입니다. 왜냐하면 (지)원군이 용병보다 훨씬 더 위험하기 때문입니다. 또한 (지)원군을 활용하면 종국에는 파멸한다는 점은 확실합니다. (지)원군은 일사불란한 명령에 복종하는 군대이며, (지)원군이 절대적으로 복종하는 이는 다른 사람(지원을 나간 국가의 군주가 아닌 파견을 보낸 국가의 군주를 의미)입니다. 반면에 용병은 승리하더라도 당신에게 손해를 끼칠 수 있는 지위에 오르기까지 훨씬 많은 시간과 기회가 필요합니다. 용병은 당신이 고용하여 보수를 주는 집단이라는 점에서 하나의 통합된 단일 군대나 단체를 형성하기는 어렵습니다. 게다가 당신이 용병 대장으로 임명한 제3의 외부인은 그 용병대장이 당신에게 위해를 가할 정도의 권위를 확보하기는 매우 어렵습니다.

다시 말해, 용병의 경우에는 가장 위험한 요인은 용병의 비겁함 혹은 소극적으로 임하는 전투태세이며, (지)원군의 경우에는 오히려 (지)원군의 비르투가 위험합니다. 따라서 현명한 군주는 이런 군대를 활용하는 방식을 언제나 멀리하고 자신의 군대를 양성해야 합니다. 군주는 외국 군대를 이용하여 다른 국가나 영토를 정복하는 것보다는 차라리 자신의 군대와 함께 패배하는 것을 택합니다. 외국 군대를 이용하여 얻은 승리를 진정한 승리로 평가하지 않기 때문입니다.

이러한 쟁점에 관해 저는 주저하지 않고 체사레 보르자와 그의 행적을 거론하고 싶습니다. 보르자 공작은 전체 대원이 프랑스인인 (지)원군을 활용하여 로마냐 지방을 침공했고, 프랑스 군대와 함께 이몰라Imola와 푸를리Furlì를 점령했습니다. 그러나 보르자 공작은 프랑스 군대를 믿지 않았기 때문에 승리 이후 용병을 이용했습니다. 보르자 공작은 용병이 (지)원군보다는 덜 위험하다고 생각했으며, 오르시니파와 비텔리파의 용병부대에 의존했습니다. 이후 용병부대에 대한 전술적 평가나 충성심에 의구심을 품고 용병부대의 위험성을 인지하고 용병부대를 해체한 뒤 자신을 추종하는 주변인들로 군대를 편성했습니다.

지금까지 살펴본 세 종류의 군대별 차이는 보르자 공작이 단지 프랑스 군대를 이용했을 때와 오르시니와 비텔리의 용병부대를 활용하였을 때, 그리고 자기 군대를 육성하여 군사적으로 자립했을 때의 군대 간 명성과 결과를 비교해 보면 각각의 군대가 갖는 차이점을 쉽게 파악할 수 있습니다. 보르자가 자기 군대를 완벽하게 장악한 것을 모든 인민이 인정하고 보았을 때, 보르자가 더욱 위대하고 존경을 받게 되었다는 사실입니다.

이어서 저는 비록 이탈리아 사례도 아니며 최근 일어난 일도 아니지만, 앞에서 언급한 적이 있는 시라쿠사의 히에론Hyerone의 경우를 다시 한번 거론하고자 합니다.

앞에서 언급한 것처럼, 시라쿠사인늘이 히에론을 시라쿠사 군대의 지휘관으로 임명했을 때, 히에론은 시라쿠사 용병부대가 무익하다는 사실을 곧바로 깨달았습니다. 왜냐하면 당시 용병부대 부대장들이 지금의 이탈리아의 용병대장들과 다르지 않았기 때문입니다. 그렇다고 히에론이 이들 용병부대를 계속해서 지휘하여 운용할 수도 없었으며, 해체할 수도, 그들을 고향으로 돌려보낼 수도 없었기 때문에, 히에론은 이들 모두를 살해했습니다. 이후 히에론은 외국 군대가 아닌 자신이 조직한 군대를 지휘하여 전쟁을 수행했습니다.

여기서 저는 또 다른 사례 하나를 언급하겠습니다. 그 사례는 구약성서에 나오는 인물에 대한 것입니다.

다윗이 사울에게 가서 팔레스타인 용사 골리앗과 싸우겠다고 했을 때, 사울은 다윗의 사기를 북돋기 위해 다윗에게 자기 사용했던 무기와 갑옷을 수여했습니다. 그러나 다윗은 그 갑옷을 착용한 뒤, 갑옷을 입고는 자기 전투 능력을 충분히 발휘하여 싸울 수 없었기 때문에 자신이 평소 사용하던 돌팔매와 단검으로 골리앗과 대결하겠다고 말하면서 사울의 호의를 사양했습니다. 결국 다른 이의 무기와 갑옷은 자기의 능력과 힘을 약화하거나, 신체를 부자연스럽게 하거나 혹은 정상적인 움직임을 제약할 뿐입니다.

루이 11세의 부친이었던 샤를 7세는 포르투나와 비르투를 가지고 영국으로부터 프랑스를 해방시킨 뒤(백년전쟁이 끝난 1453년을 의미), 프랑스를 자국의 군대로 방어해야 할 필요성을 절감하고 기병과 보병으로 구성된 군 편제를 도입했습니다.

그러나 샤를 7세의 아들 루이 11세는 나중에 보병을 폐지하고 스위스 용병을 고용하기 시작했습니다. 이렇게 시작된 군대 운용의 실수는 이후 왕들에게까지 전해졌고, 프랑스 왕국을 작금의 위기 상황으로 몰아넣었습니다. 스위스 용병의 권위와 위신을 고양함으로써 결과적으로 프랑스 군대의 사기를 저하한 것입니다.

이렇게 된 것은 루이 11세가 보병을 해체하면서 기병을 외국 군대에 의존하게 했으며, 이에 따라 프랑스 군의 기병은 스위스 보병과 연합하여 싸우는 데에 익숙해져서 스위스 군 없이는 전투에서의 승리를 확신하지 못하는 상황에까지 이르렀기 때문입니다.

그러한 결과 프랑스 군대는 스위스 군대보다 열악한 상황에 놓이게 되었고, 스위스 군대 없는 프랑스 군대의 모습은 적에게 허약한 군대라는 인상을 주었습니다.

이처럼 프랑스 군대는 일부를 용병으로, 일부는 자국군대로 편성된 혼성군의 성격을 띠게 되었습니다. 그러한 혼성군은 순수한 (지)원군이나 용병보다는 낫겠지만, 자주적으로 편성된 자국 군대에 비교할 바는 아닙니다.

제가 보기에 군대 관련 사례로는 위의 세 가지 사례로 충분하다고 생각합니다. 왜냐하면 샤를 7세가 만들어 놓은 군제가 발전했거나 적어도 그대로 유지되었더라면, 프랑스 왕국은 무적이 되었을 것이기 때문입니다. 그러나 신중함이 부족한 인간은 제가 앞에서 폐결핵에 관해 말했던 것처럼, 눈에 보이는 당시의 달콤함으로 그 속에 담긴 독성을 깨닫지 못한 채 무언가를 시작하게 됩니다. 그러므로 탄생 초기의 독성을 간파하지 못하는 군주는 현명하다고 할 수 없습니다. 이러한 인지 능력은 단지 소수에게만 주어질 뿐입니다.

여기서 로마 제국 멸망의 주된 원인을 살펴보고자 한다면, 그 시작이 고트족을 용병부대로 고용하기 시작하면서 비롯되었다는 사실을 알게 될 것입니다. 왜냐하면 고트족의 용병부대 고용은 로마 제국 군사력의 원천을 고갈시켰으며, 로마 제국의 간직했던 모든 비르투는 고트족의 용병부대로 전이되었기 때문입니다.

따라서 저는 어떤 군주국이든 자기 군대를 가지지 못하면 안전할 수 없다고 결론을 내리고자 합니다. 그러한 군주국은 안전하기는커녕 위기 시에 자기 국가를 방어할 비르투가 없으므로 전적으로 포르투나에 의존할 수밖에 없습니다. 현명한 군주들은 항상 "자기 무력에 근거하지 않은 권력의 명성처럼 취약하고 불안정한 것은 없다"라는 격언을 마음에 깊이 새깁니다.

그리고 국가의 군사력이란 자국의 신민 또는 시민, 아니면 군주의 부하들로 구성된 군대로 구성된 군사력을 의미하며, 그 밖의 다른 모든 것들은 용병 혹은 (지)원군을 뜻합니다. 국가의 군사력을 조직하는 올바른 방법은, 제가 이미 언급한 네 사람(보르자 공작, 히에론, 다윗, 샤를 7세)의 방식을 검토하고, 알렉산더 대왕의 부친인 필리포스를 비롯한 다른 많은 군주와 공화국들이 어떻게 자산의 국가를 무장하고 조직했는가를 이해하면 쉽게 알 수 있습니다. 저 역시 그들이 채택한 군제 방식에 전적인 신뢰를 보냅니다.

제14장

군주는 군사 업무 관련 처신을
어떻게 할 것인가

군주는 전쟁, 전술 및 훈련 이외의 다른 어떤 일을 목표로 삼거나 관심을 가져서는 안 되며, 또 성취하고자 집중해서도 안 됩니다. 전쟁에 관련된 예술이야말로 군주에게 있어서 필요한 유일한 사안이기 때문입니다. 이는 군주 자리를 물려받을 이가 그 자리를 이어받을 수 있게 할 뿐 아니라 비르투가 충만할 경우 일개 평범한 시민을 군주로 만들 수 있을 만큼 효과적입니다. 그러나 많은 경우에서 보듯이 군사적인 업무나 용무가 아닌 다른 사사로운 일에 몰두했던 많은 군주가 자기 국가를 상실했던 사례를 우리는 역사적 경험을 통해 잘 알고 있습니다.

반면에 군주가 군 문제가 아닌 사소하고 안락한 삶에 더 몰두하면 국가를 잃게 될 것이라는 점은 명백합니다. 군주가 국가를 잃게 되는 첫 번째 이유는 군 업무를 게을리한 탓이며, 군 업무를 최

우선 해야 하는 이유가 국가를 유지하는 원천입니다.

프란체스코 스포르차는 잘 정비된 군사력을 갖추었기에 일개 평범한 시민에서 밀라노의 군주가 되었습니다. 그러나 그의 후손들은 군 업무를 소홀히 하여 군주의 지위에서 다시 평범한 시민의 지위로 전락했습니다.

군사력을 제대로 갖추지 않은 군주는 나쁜 결과를 초래하는 다른 이유들을 차치하고 타인으로부터 경멸을 받게 됩니다. 나중에 다시 설명하겠지만, 이는 모름지기 현명한 군주라면 반드시 경계해야 할 수치스러운 일 중의 하나입니다.

군사력이 있는 군주와 없는 군주 사이에는 엄청난 격차가 존재합니다. 군사력을 갖춘 군주가 군사력을 갖추지 못한 군주에게 기꺼이 복종하기를 기대하는 것은 논리적으로 맞지 않습니다. 또한 군사력이 없는 군주가 군사력을 갖춘 자기 부하들 사이에서 안전하기를 기대할 수는 없습니다. 군사력을 갖춘 이는 그렇지 않은 이를 경멸을 할 것이고, 군사력을 갖추지 못한 이는 군사력을 갖춘 이를 끊임없이 의심하고 부하들을 두려워하기에, 이들이 상호 협력하여 전투나 군 업무를 잘하기란 불가능합니다.

따라서 이미 언급한 다른 불행한 점 이외에도, 군 업무에 정통하지 않은 군주는 자기 병사들로부터 존경받지 못하며, 군주 역시 병사들을 신뢰할 수 없습니다.

그러므로 군주는 항상 군 업무에 관심을 가져야 하며 평상시에도 전시보다 더 많은 관심을 가져야 합니다. 이러한 관심을 실천하는 데에는 두 가지 방법이 있는데, 하나는 신체를 통한 훈련이고, 다른 마음을 담은 실천입니다.

훈련과 연관하여 몇 가지를 언급하면, 먼저 군대의 질서와 기강을 잡고 병사를 잘 훈련하는 일 이외에도 군주는 평소에 자주 사냥과 같은 행동에 몰두하여 군주 자기 신체를 단련하여 어려운 상황에 익숙해지도록 하는 한편, 동시에 산이나 골짜기 등의 지형이 어떻게 자연 지형을 잘 익히도록 익혀야 합니다. 다시 말해 강과 늪의 특징을 물론이고 산은 어떻게 솟아 있고, 골짜기는 어떻게 전개되며, 평야는 어떻게 펼쳐져 있는가에 주의를 기울여야 합니다. 군주는 이러한 자연 지형과 지물에 많은 관심을 가져야 합니다.

이러한 실천적 지식 습득은 두 가지 관점에서 유용합니다. 첫째, 자국의 자연 지형을 적절하게 파악하여 영토 방위와 국방에 도움이 될 것입니다. 둘째, 지리에 밝게 되면 처음 접하는 지방의 새로운 지형 특징 역시 쉽게 파악할 수 있게 됩니다. 예를 들어 토스카나에 있는 언덕, 골짜기, 평야, 강, 습지는 다른 지역에서 발견되는 유사한 지형들과 비슷하기 때문입니다. 결국 한 지역의 자연 지형을 잘 숙지하게 되면 쉽게 다른 지역의 지형에도 익숙해질 수 있습니다.

그러한 전문 지식이 모자란 군주는 지휘관의 자질을 갖추지 못한 것입니다. 왜냐하면 군주는 그러한 지식을 전쟁에 유리한 방법으로 활용함으로써 적을 추적하고, 적절한 야영 장소를 물색하며, 요새나 성곽 도시를 포위하여 공격할 수 있는 최선의 방법을 가르쳐 줄 수 있기 때문입니다.

역사가들이 아카이아 동맹의 군주였던 필로포이멘Filopomene을 칭송했던 이유 중의 하나는 평화 시에도 그가 항상 군 업무에 전념했다는 점입니다. 필로포이멘은 부하들과 야외에 나갔을 때도 종종 발을 멈추고 다음과 같은 질문을 던지곤 했습니다.

《만약 적이 언덕 위에 있고 우리 군대가 여기에 있다면, 누가 유리한 위치에 있는 것인가? 우리가 적절한 진형을 유지하면서 그들을 공격할 수 있는 방도는 어떤 것이 있을 것인가? 만약 후퇴하게 되면 우리는 어떤 방식으로 후퇴할 수 있는가? 혹 그들이 퇴각한다면 우리는 어떻게 그들을 추적해야 하는가?》등의 질문입니다.

부하들과 같이 다니면서, 필로포이멘은 군대가 처할 수 있는 모든 우발적인 상황을 그들에게 이야기하곤 했습니다. 필로포이멘은 부하들의 의견에 귀를 기울이고 나서, 자기 의견을 밝혔으며, 의견에 대한 합당한 이유를 제시하면서 자기 견해가 갖는 설득력을 뒷받침했습니다. 이처럼 지속적인 관찰과 토론 덕분에, 필로포이멘이 군대를 지휘하여 출전했을 때, 그가 대책을 강구하지 못한 예상 밖 사태는 일어나지 않았습니다.

지적인 훈련을 위해 군주는 반드시 역사서를 읽어야 하는데, 특히 역사 속 위인들의 행적을 잘 살펴 읽어야 합니다. 위인들이 전시에 전투를 수행한 방법을 터득하며, 실패를 피하고 정복을 성취하기 위해 그들의 승리와 패배의 원인을 검토해야 합니다. 무엇보다도 승리를 따르면서 패배를 지양하도록 고찰해야 합니다. 과거의 위대한 인물들 역시 찬양과 영광의 대상이 될 만한 위인들을 모방하려 했으며, 항상 위인들의 행동과 태도를 보고 배우려 했습니다. 이미 전술한 바대로 알렉산더 대왕은 아킬레우스를 모방했고, 카이사르는 알렉산더를 모방했으며, 스키피오는 키루스를 모방했습니다. 항상 이전 위인들의 행적을 자신들의 행동과 생각의 모범으로 삼았던 것입니다.

그리고 크세노폰이 저술한 키루스의 생애를 읽은 사람이라면, 스키피오의 생애와 행적을 돌아보면 크세노폰의 저작에 기록된 대로 키루스를 모방함으로써 스키피오가 자기 영광을 성취하는 데 키루스로부터 얼마나 커다란 도움을 받았는지 알 수 있을 것입니다. 스키피오의 성적인 절제, 친절함, 예의바름, 관대함 등의 모든 인성이 얼마나 키루스의 성품을 모방하여 얻은 것인지를 깨닫게 될 것입니다.

현명한 군주라면 항상 이처럼 행동하며, 평화 시에도 절대 나태하지 않아야 합니다. 그러한 행동과 자세를 통해 부지런히 자기 행동 역량을 강화함으로써 역경에 처할 때를 대비해야 합니다. 그래야 포르투나가 변화하더라도 군주는 포르투나에 맞설 만반의 준비가 되어 있게 됩니다.

제15장

사람들, 특히 군주가 칭송받거나 비난받는 일들에 관하여

이제 군주가 자기 신민과 동맹자들에게 어떤 식으로 행동해야 바람직할 것인가에 대해 고찰해 보기로 하겠습니다.

그런데 이 문제에 대해 많은 이들이 이미 많은 논의를 해왔다는 점을 잘 알고 있기에, 제가 이 문제에 대해 다시 논의한다는 것이 적절한가에 대한 우려가 있기도 합니다. 그러나 제가 제기하고자 하는 논지나 쟁점은 기존 논의나 체계 등에서 매우 다르기 때문에 혹 건방지다고 생각되지나 않을까 하는 두려운 마음이 앞섭니다.

그러나 저의 의도는 이러한 문제를 이해하는 이라면, 누구에게나 유용한 것을 서술하려는 것이기 때문에, 단순한 이론이나 사변보다는 사물의 실질적인 진실에 주목하는 것이 더 낫다고 생각합니다. 왜냐하면 많은 사람은 현실 속에서 실제로 존재하지 않았

거나, 혹은 알려지거나 목격된 적이 없는 공화국이나 군주국을 상
상해 왔기 때문입니다.

실제로 '인간이 어떻게 살고 있는가'라는 명제는 '인간이 어떻
게 살아야 하는가'와는 너무나 다른 문제이기 때문에, 일반적으로
무엇을 해야만 할 것인가의 문제에 집중하여 실제로 해야 할 것이
무엇인가의 문제를 소홀히 하는 군주는 권력을 유지하기보다 파멸
로 내몰리기 쉽습니다. 어떤 상황에서나 선하게 행동할 것을 고집
하는 사람이 선하지 않은 많은 사람 속에 둘러싸여 있으면 반드시
몰락하게 됩니다.

따라서 권력을 유지하고자 하는 군주는 상황의 필요에 따라서
선하지 않을 수 있는 법을 배워야만 합니다. 이에 저는 군주에 관한
상상의 이야기들은 제쳐두고 실제로 현실에서 발생하는 일들에 대
해 논의하고자 합니다.

모든 인간은 다음과 같은 성품을 가졌다고 칭송받거나 혹은
비난받게 됩니다. 특히 누군가에 대해 이야기할 때는 더욱 그러하
며, 그러한 사람이 높은 위치에 있는 군주일 경우에는 더욱 그러합
니다. 어떤 사람은 인심이 넉넉하고, 또 어떤 사람은 매우 인색하다
는 평가를 받습니다.

저는 여기서 탐욕스럽다 혹은 인색하다는 의미를 갖는 이탈리
아어 '아바로avaro'로 대신에 토스카나 어로 자기 소유물 사용을 무
척이나 꺼리는 사람을 의미하는 '미세로misero'를 사용하겠습니다.
어떤 사람은 잘 베풀고, 어떤 사람은 매우 탐욕스럽다고 평가합니

다. 또한 어떤 사람은 매우 잔인하다거나 혹은 자비로운 사람이라고 평가합니다. 또 누군가는 신의가 없으며, 다른 누군가는 매우 신망이 두텁다고 이야기합니다. 어떤 이는 여성적이고 유약하며, 어떤 사람은 매우 단호하고 기백이 있으며, 어떤 이는 사교성이 있으며, 어떤 이는 오만합니다. 또한 어떤 이는 음탕하며 어떤 이는 정숙합니다. 어떤 사람은 강직하고 어떤 이는 교활한 사람입니다. 어떤 사람은 고집이 세고 어떤 이는 유순하기도 합니다. 경건한 사람도 있으며 신앙심이 없는 사람 등으로 평가하는 것도 마찬가지입니다.

만약 군주가 앞에서 말한 것 중에서도 좋다고 생각되는 성품들을 모두 갖추고 있다면, 그야말로 가장 칭송받을 만한 군주이자 모든 사람이 이를 기꺼이 인정할 것이라는 사실 또한 저는 잘 알고 있습니다.

그러나 이 모든 성품을 갖추는 것이 가능하지 않으며, 더군다나 인간이 가진 상황이란 그러한 성품들을 전적으로 발휘하는 미덕의 삶을 영위하는 것을 용납하지 않습니다. 신중한 군주라면 자기 권력 기반을 파괴할 정도의 악덕으로 인해서 오명을 뒤집어쓰는 상황을 피해야 하며, 정치적으로 파멸의 위험을 초래하지 않을 정도의 악덕일지라도 가급적 피하도록 노력해야 할 것입니다. 그러나 만약 악덕을 피할 수 없다면, 후자의 악덕 정도는 크게 신경쓰지 않고 군주의 업무를 지속해야 합니다. 그러나 그러한 악덕 없이 국가권력 보존이 어려운 상황이라면, 그 악덕으로 인해 오명을 뒤집어쓰는 일조차 개의치 말아야 할 것입니다.

왜냐하면 모든 상황을 신중하게 고려할 때, 일견 비르투로 보이는 일을 행하는 것이 자기 파멸을 초래할 수 있지만, 일견 악덕 vizio으로 보이는 일을 하는 것이 결과적으로 자기 안전을 확보하고 번영을 가져오는 경우가 있기 때문입니다.

제16장

관후함과 인색함에 관하여

앞서 언급한 성품 중에서 첫 번째 덕목부터 시작한다면, 무엇보다 어떻게 관후함(자유로운 생각과 여유로운 태도를 지칭)을 유지할 것인가의 문제라고 생각합니다.

당신이 정말로 관후하다는 평판을 얻을 정도로 관후하게 행동한다면, 그러한 행동이 당신에게 폐해를 끼치게 된다고 주장하겠습니다. 왜냐하면 당신이 만약 그러한 관후함을 현명하게 그리고 좋은 결과를 내지 못할 정도로 행한다면, 그러한 행동과 태도는 인정받지 못할 것이고 오히려 당신이 역설적인 의미에서 악덕을 행하고 있다는 비난을 면치 못할 것이기 때문입니다. 반면에 관후하다는 호감과 평판을 얻기 위해서는, 다소 사치스럽게 보일 정도의 과시적인 지출과 소비를 해야 할 것입니다. 그러나 그러한 행동과 태도를 가진 군주는 항상 자기 재산을 모두 탕진하는 결과를 초래하게 됩니다.

그리고 계속해서 관후하다는 평판을 원한다면, 군주는 결국 탐욕적인 인간이 될 수밖에 없으며, 인민에게 매우 가혹한 세금을 부과하게 되며, 가능한 모든 수단을 동원하여 인민을 수탈하지 않을 수 없습니다. 이러한 행위로 인해 군주는 인민들에게 미움을 받기 시작할 것이며, 점점 궁핍해지는 생활로 인민에게 존경 받지 못할 것입니다.

이러한 군주의 관후함은 많은 사람에게 피해를 주고 단지 소수의 사람에게만 이익을 주었기 때문에 군주는 곤경에 처하게 되며, 그의 관후함으로 끊임없이 위태롭고 위험한 상황으로 내몰리게 될 것입니다. 혹 군주가 이러한 사실을 깨닫고 자기 태도와 행동을 바꾸어 처신하게 되면, 군주로 곧바로 인색한 사람이라는 악평을 듣게 될 것입니다.

결국 군주는 자신에게 해가 되지 않으면서 관후함의 비르투를 행하여 좋은 평판을 얻을 수 없기에, 만약 현명한 군주라면 처음부터 인색하다는 평판을 얻는 것에 신경 쓰지 말아야 합니다. 왜냐하면 군주의 인색함 덕분에 충분하게 재정적인 수입 유지에 어려움을 겪지 않음으로써, 전쟁이 발발할 때도 적들로부터 군주 자신과 인민을 지키는데 특별한 여하함의 세금이나 재정적 부담을 지우지 않고도 전쟁을 수행할 수 있는 능력을 보여준다면, 시간이 지나도 궁극적으로 더욱 관후한 군주라는 평가를 얻게 될 것이기 때문입니다.

그리하여 군주는 이와 같은 행동을 통하여 대다수 인민에게 관후하게 대하게 된 셈이 되어 대다수 인민의 재산상 손해를 끼치지 않았으며, 이에 반해 소수의 사람에게 아무런 관후함도 보여주지 않은 상황으로 인색한 군주라는 평가를 받게 되는 것입니다.

우리 시대 위대한 업적을 성취한 인물들은 모두 인색하다는 평판을 들었습니다. 그렇지 않은 위인들은 모두 실패했습니다.

율리우스 2세 교황은 교황이 되기 전에는 관후하다는 평판을 들었지만, 교황이 된 후에 전쟁을 치르고자 준비하면서 더 이상 그러한 평판을 유지하려고 애쓰지 않았습니다.

현재의 프랑스 왕 루이 12세는 오랫동안 검약한 생활을 했기에 인민들에게 전쟁 비용 감당을 위한 특별세를 부담시키지 않고도 수많은 전쟁을 수행할 비용을 항상 충당할 수 있었습니다.

또한 현재의 스페인 왕 페르난도 2세가 만약 관후하다는 평판을 얻을 정도로 너그럽다면, 페르디난도 2세가 수행했던 그 수많은 전쟁과 정복 사업을 추진하거나 승리하지도 못했을 것입니다.

따라서 군주는 인민들의 재산을 빼앗지 않기 위해, 자신과 국가를 지킬 수 있기 위해, 자신과 국가가 가난하다고 경멸받지 않기 위해 그리고 탐욕적인 군주가 되지 않기 위해 인색하다는 평판을 듣는 것을 대수롭지 않게 생각해야 합니다. 인색함이라는 악덕이야말로 통치를 가능하게 하는 몇몇 악덕 중 하나이기 때문입니다.

혹 누군가 이렇게 이야기할 수 있을 것입니다. "카이사르는 너그러운 씀씀이 덕분에 로마 제국의 권력을 획득했고, 많은 다른 사람들 역시 씀씀이가 넉넉하고 또 그렇다고 생각되었기에 최고의 지위에 도달했다."라고 이야기할 수 있을 것입니다. 이에 대해 저는 당신이 이미 군주가 되었는지 아니면 군주가 되려고 노력하는 중인 사람인가에 따라 다르다고 대답하겠습니다.

군주가 이미 된 경우라면, 넉넉한 씀씀이는 해로운 것이며, 군주가 되기 위한 과정이라면, 진정으로 씀씀이가 넉넉하거나 너그럽다는 평판을 얻는 것이 필요합니다. 카이사르는 로마를 군주정으로 만들고자 했던 인물의 한 사람이었습니다. 만약 카이사르가 군주정을 실현한 뒤에도 살아남아 너그러운 씀씀이를 줄이지 않더라면, 카이사르는 로마 제국을 붕괴시키고 말았을 것입니다.[6]

만약 누군가가 "매우 관후하다고 생각된 많은 군주가 괄목할 만한 군사적 승리를 거두었으며, 위대한 업적을 남겼다."라고 반론을 제기한다면, 저는 다음과 같이 답을 하겠습니다. "군주는 자기 재산이나 신민의 재산 혹은 다른 이들의 재산을 사용하게 될 것인데, 소유물을 쓰거나 아니면 타인의 것을 쓰게 되는 경우를 말하며, 전자의 경우에는 인색해야 하고, 후자의 경우에는 가급적 씀씀이가 넉넉해야 한다고 대답하겠습니다. 그리고 전리품, 약탈품, 배상금 등으로 군대를 유지하고 운영해야 하는 군주는 타인의 재물을 처분하여 사용하게 되는데, 이 경우 군주는 넉넉한 씀씀이를 유지

---

6)   카이사르는 로마 제국이 공화정을 끝내고, 황제 중심의 제정이 되기 전인 BC. 44년에 살해됨으로써 초대 로마 제국 황제가 되지는 못했다.

할 필요가 있습니다. 그렇지 않으면 군인들이 군주에게 복종하지 않을 것입니다. 당신과 당신의 인민이 소유한 것이 아닌 재물에 대해서는 키루스와 카이사르 그리고 알렉산더 대왕이 그랬던 것처럼 좀 더 후하게 사용하는 것이 좋습니다. 이와같이 다른 이들의 소유물을 사용하는 것은 당신의 평판을 떨어뜨리는 것이 아니라 오히려 드높여 주기 때문입니다. 당신에게 해가 되는 경우는 오직 당신의 재물을 소비하는 경우입니다. 관후함처럼 자기 소모적인 것은 없습니다. 당신이 그러한 관후함을 행하면 행할수록 그만큼 더 그 관후함을 실천할 수 없게 됩니다. 당신은 그럴수록 빈곤해져 다른 이들로부터 경멸을 받거나, 아니면 빈곤을 피하려는 당신의 노력으로 인해 탐욕적인 인물로 비치고, 결국 다른 이들로부터 미움을 받게 됩니다. 군주란 모름지기 인민들로부터 경멸당하거나 미움받는 일을 경계해야 하는데, 관후함은 당신을 이 두 가지 방향의 길로 이끌게 됩니다. 따라서 비난은 받을 수 있되 미움을 받지 않고, 오히려 인색하다는 평판을 듣는 것이 더 현명한 방법입니다. 이렇게 하는 것이 관후하다는 평판을 듣기 위해 오명을 듣고 증오심을 유발하며 결국에는 탐욕스럽다는 평판을 얻게 되는 처지에 봉착하는 것보다는 훨씬 낫습니다."라고 말하고자 합니다.

제17장

잔인함과 인자함, 그리고 사랑을 느끼게 하는 것과 두려움을 느끼게 하는 것 중 어느 편이 더 나은가에 대하여

앞에서 언급한 인간의 다른 자질들을 다룬 곳으로 돌아가서, 저는 모든 군주가 자비심이 많고 잔인하지 않은 인간으로 평가되기를 바라야 한다고 주장합니다. 그렇지만 군주가 베푸는 자비가 부적절한 방법을 통해 사용되지 않도록 조심해야 한다고 생각합니다.

체사레 보르자는 잔인하다고 평가되었습니다. 그러나 보르자의 잔인함(엄격한 조치의 시행)으로 말미암아 로마냐 지방의 질서를 회복시켰고, 로마냐 지방의 통일을 이룩했으며, 평화롭고 충성스러운 지역으로 만들었습니다.

만약 보르자의 대응을 잘 생각해 보면, 잔인하다는 평판을 회피하려고 피스토이아Pistoia를 파멸에 이르도록 방치했던 피렌체인보다는 보르자가 훨씬 더 자비롭다고 판단할 수 있습니다.

따라서 현명한 군주는 자기 인민들의 결속과 충성을 유지할 수 있다면, 잔인하다는 비난을 걱정해서는 안 됩니다. 왜냐하면 지나치게 자비로움으로써 무질서를 방치하여 그 결과 많은 살인과 약탈로 인명피해를 방치하는 군주보다 소수의 몇몇을 시범적으로 처벌하여 질서를 바로잡는 군주가 실제로는 훨씬 더 자비로울 수 있기 때문입니다. 소수의 몇몇을 처벌하는 군주의 경우 특정한 개개인에게 해를 주지만, 과도하게 자비심을 베푸는 군주는 공동체 전체에게 해를 끼치는 것입니다. 그리고 신생 국가는 위험으로 가득하여서, 군주 중에서도 특히 신생 군주는 잔인하다는 평판을 피할 수가 없습니다.

베르길리우스는 디도Didone의 입을 빌려서 다음과 같이 말하고 있습니다.

《상황은 가혹하고 나의 왕국은 새로운 왕국이기에 나는 가혹한 조처를 했고 그렇게 하여 국경을 지켰노라.》

그럼에도 군주는 누군가를 믿거나 상응하는 조처할 때조차 그러한 태도가 진중해야 하겠지만 그렇다고 두려움을 불러일으키게 하여서는 안 됩니다. 그렇다고 해서 군주가 너무 우유부단해서도 안 됩니다. 군주는 적절하게 신중하고 자애롭게 행동해야 하며, 지나치게 다른 사람을 불신하여 주위 사람들을 견디기 어렵게 하는 일이 없도록 실천인 이성과 자애로움을 갖고 침착한 태도와 마음가짐으로 일을 처리해야 합니다.

여기에서 다음과 같은 논쟁이 발생할 수 있습니다. 그것은 군주가 두려움의 대상이 되는 것이 나은 것인지, 아니면 사랑받는 대상이 되는 것이 나은 것인지, 혹은 그 반대인지에 대한 논쟁입니다.

제가 답을 한다면, 군주란 누군가에게 사랑을 느끼게 하고 동시에 두려움도 느끼게 하는 것이 바람직하다는 것입니다. 그러나 동시에 두 가지를 얻는 것이 어렵기에, 굳이 둘 중 어느 하나를 포기하고 견뎌야 한다면 저는 사랑을 받는 것보다는 두려움의 대상이 되는 군주가 훨씬 더 안전하다고 생각합니다.

왜냐하면 인간이란 다음과 같이 말할 수 있는 존재들이기 때문입니다. 인간이란 은혜를 모르고 변덕스러우며 위선적인 데다 기만에 능하며 위험을 감수하지 않으려 하며 자기 이익을 추구하는 존재입니다. 당신이 사람들에게 은혜를 베푸는 동안 사람들은 모두 당신에게 충성을 다합니다. 제가 이미 말한 것처럼, 굳이 그럴 필요가 없을 때는 사람들이 모두 당신을 위해서 피를 흘리고, 자기 소유물과 생명 그리고 자식마저도 희생할 것처럼 행동합니다. 그렇지만 당신이 정작 그들의 희생과 헌신이 필요할 때면, 사람들은 당신에게 등을 돌리게 됩니다. 따라서 전적으로 그런 사람들의 약속을 믿고 그에 따른 대비책을 소홀히 한 군주는 몰락을 자초할 뿐입니다.

왜냐하면 위대하고 고상한 정신을 통하지 않고, 물질적 대가를 주고 얻은 우정은 소유될 수 없으며, 정작 필요할 때 사용할 수도 없습니다. 인간은 두려움을 불러일으키는 자보다 사랑을 베푸는 자를 해할 때 덜 주저합니다. 왜냐하면 사랑이란 감사하게 생각할 의무감을 매개로 하여 유지되는데, 인간은 비열하고 악하기 때문에 자신에게 이익이 될 기회가 생기면 언제나 그러한 감사의 상호관계(사랑을 유지해야 한다는 의무감)를 내팽개치기 때문입니다. 그러나 두려움은 (배반에 대한) 처벌의 유효한 공포로서 항상 유지되기 때문에, 실패하는 경우가 결단코 없습니다.

그런데도 현명한 군주는 비록 사랑받지 못하는 존재일지라도, 자신을 두려운 대상으로 만들되 미움을 받는 군주가 되는 일은 피해야 합니다. 미움을 받지 않으면서도 동시에 두려움을 느끼게 하는 군주가 되는 것은 충분히 가능하기 때문입니다. 이러한 상황은 군주가 시민과 인민들의 재산과 그들의 부녀자들에게 손대는 일을 삼가기만 하면 항상 성취할 수 있습니다. 만약 누군가의 피가 필요할지라도, 적절한 명분과 명백한 이유가 있을 때만 국한하여 실행해야 해야 합니다.

그러나 무엇보다 군주는 타인의 재산에 손대지 말아야 합니다. 왜냐하면 인간이란 아버지의 죽음은 쉽게 잊어도 재산 상실의 기억은 좀처럼 잊지 못하기 때문입니다. 더군다나 재산을 탈취할 명분은 항상 존재하기 마련입니다. 타인의 재산을 탈취하며 살아가는 군주에게 항상 타인의 재산을 약탈할 명분과 이유를 찾기는 어려운 일이 아닙니다. 반면에 군주를 위해 피를 흘려야 할 명분이나 핑계는 훨씬 더 드물고, 또 쉽게 사라져 버립니다.

그러나 군주는 자기 군대를 통솔하고 많은 병력을 지휘할 상황에서는 잔인하다는 평판에 대해 크게 신경 쓰지 말아야 합니다.

왜냐하면 이러한 평판 없이 군대의 통일이나 통합을 유지하거나 그 어떠한 군사작전이라도 적합하게 수행하기 어렵기 때문입니다.

한니발의 경탄할 만한 행동에는 다음과 같은 사실이 포함됩니다. 한니발은 수많은 종족으로 구성되어 뒤섞인 대군을 통솔하면서 멀리 이국땅에서 전투를 수행했지만, 포르투나가 작동하든 혹은 아니하든, 군 내부에서건 혹은 그들의 지도자에 대해서건 어떠한 분란도 일어나지 않았다는 점에 주목할 만합니다.

이는 한니발의 수많은 다른 훌륭한 비르투와 더불어, 한니발의 부하들이 그를 항상 존경하고 두려워하도록 만들었던 한니발의 비인간적인 잔인함에서 기인한 것이란 사실 말고는 설명할 수 없을 것입니다.

그리고 한니발이 잔인하지 않았다면, 한니발의 다른 비르투역시 그러한 효과와 결과를 만들어 내는데 충분하지 않았을 것입니다. 분별없는 저술가들은 이러한 효과와 결과에 대해 제대로 이해하지 못하여 한니발의 이러한 효과와 성공이 한니발의 행동에 기인한 것이라고 평가하면서도 한니발이 성공할 수 있었던 주된 이유인 잔인함을 비난하는 우를 범하고 있습니다.

한니발의 다른 비르투 만으로 이러한 효과와 결과를 내는 데 충분하지 못했을 것이라는 저의 주장은 스키피오 사태를 고려한다면 역사적 사실이라는 점을 증명하고 있습니다. 스키피오는 당대는 물론 후대에도 전해지는 모든 기록 속에서 매우 훌륭한 인물로 평가받았지만, 스키피오의 군대는 스페인에서 반란을 일으켰습니다. 이 반란의 유일한 이유는 스키피오가 너무 자비로워서 적절한 군사 규율을 넘어 방종을 허용할 정도의 더 많은 자유를 병사들에게 허용했기 때문이었습니다.

이 일로 인해 파비우스 막시무스는 원로원에서 스키피오를 탄핵하면서 로마 군대를 부패시킨 원흉이라고 비난했습니다.

그리고 로크리Locri(이탈리아 남부에 있는 소도시) 지역이 스키피오가 임명한 부관 퀸투스 플레미니우스 지방관에 의해 약탈을 당했을 때, 스키피오는 그 지역 주민들의 피해를 바로잡지 않았으며, 더군다나 플레미니우스 지방관이 지나치게 오만했음에도 불구하고 처벌받지 않았습니다. 이 모든 사태의 원인은 스키피오가 너무 자비로웠기 때문입니다. 그랬기에 원로원에서 스키피오를 사면하자고 앞장선 사람이 있었습니다. 그가 스키피오를 변호하면서 말하기를, 세상 사람들 가운데 타인의 잘못을 바로잡는데 서투른 이들이 많으며 자기 잘못이나 비행은 저지르지 않는 재주를 가진 이들이 있는데, 스키피오가 바로 그런 유형의 인물이라고 변호했습니다.

이러한 그의 군대 통솔 방식이 그대로 계속되었더라면 그 자기 성격으로 인해 스키피오의 명성과 영광은 빛이 바랬을 것입니다. 그러나 스키피오는 원로원의 명령에 따랐고, 그로 인해서 그처럼 해로운 스키피오의 성품은 감추어졌을 뿐만 아니라 스키피오의 명성이 지켜질 수 있는데 이바지했습니다.

그러므로 저는 두려움을 느끼게 하는 대상이 될 것인가 혹은 사랑받는 대상이 될 것인 자의 문제로 돌아가서 다음과 같이 결론을 내리고자 합니다. 인간이 누군가를 사랑하는 일이 자신이 좋아서 선택한 것이지만, 군주를 두려워하는 일은 군주의 의지와 행동에 기인한 것이기에, 현명한 군주라면 타인의 의지나 생각보다는 자기 생각과 행동에 더 의존해 결정해야 한다고 말씀드리고자 합니다. 다만 앞서 말한 것처럼 미움의 대상이 되는 일만은 피하도록 노력해야 할 것입니다.

제18장

군주는 어떤 방식으로 신의를 지켜야 하는가

군주가 신의를 지키며 교활한 행동을 하지 않고 정직하게 사는 것이 얼마나 칭송받을 만한 일인지 모든 사람이 알고 있습니다. 그럼에도 불구하고 경험에 의하면 우리 시대 위대한 업적을 성취한 군주들은 신의를 별로 중시하지 않았으며, 오히려 교활한 행동을 악용하여 사람들을 교란하는 데 유능한 인물이라는 것을 알 수 있습니다. 군주들은 정직하고 신의를 지키는 이들에 맞서 결국에는 승리를 거두었습니다.

그렇다면 대결에는 두 가지 방법이 있다는 점을 알아야 할 필요가 있습니다. 하나는 법에 의지하여 대결하는 것이고, 다른 하나는 힘에 의지하는 것입니다. 법에 따르는 첫 번째 방법은 인간에게 적합한 것이고, 힘에 의지하는 두 번째 방법은 짐승들에게 적절한 것입니다.

그러나 많은 경우 첫 번째 방법만으로는 충분하지 않기 때문에, 두 번째 방법에도 일정 부분 의지하는 것이 필요합니다. 따라서 군주는 짐승의 방법과 인간의 방법을 모두 이용할 줄 아는 것이 필요합니다.

고대의 저술가들은 이러한 부분을 아킬레스와 같이 고대 유명한 많은 군주가 반인반수의 케이론에게 맡겨져 양육되었고, 그의 훈련하에서 교육받았다는 점을 거론하면서 군주들에게 비유적으로 가르쳤습니다.

반인반수의 스승을 섬겼다는 점은 군주가 이러한 양면적 본성 사용법 모두를 알아야 한다는 사실을 의미합니다. 이는 두 가지 본성 중 어느 한쪽이 모자라면, 군주의 지위를 오래 보존할 수 없다는 사실을 말하는 것입니다.

그렇다면 군주는 짐승의 방법을 잘 이용할 줄 알아야 하는데, 그중에서도 여우와 사자를 선택하여 모방해야 합니다. 왜냐하면 사자는 함정으로부터 자신을 지키기 어렵고, 여우는 늑대로부터 자신을 지키기 어렵기 때문입니다. 따라서 함정을 식별하고 대처하기 위해서는 여우가 될 필요가 있고, 늑대를 물리치기 위해서는 사자가 될 필요가 있는 것입니다. 단순히 사자의 방식에만 의존하는 군주는 당면한 사태를 정확하게 이해하지 못합니다.

그러므로 현명한 군주는 약속을 이행하는 것이 군주 자신에게 불리하거나, 혹은 자신이 약속한 이유가 사라졌을 때는 약속을 지킬 수 없을 뿐만 아니라 굳이 지켜서도 안 됩니다.

만약 모든 인간이 선하다면 이러한 전제는 의미 없을 것입니다. 그러나 인간은 사악하며 당신과의 약속이나 신의를 잘 지키려고 하지 않기 때문에, 당신 역시 그러한 사악한 이들과 맺은 약속에 구속되어서는 안 됩니다. 게다가 군주는 약속을 지키지 못하는 이유의 정당성을 항상 내세울 수 있습니다.

이와 관련하여 최근 무수히 많은 사례들을 볼 수 있는데, 얼마나 많은 평화 조약과 약속들이 신의 없는 군주들에 의해 파기되고 무효가 되었는지를 잘 보여주고 있습니다. 대개의 경우 여우의 방법을 따르는 이들이 더욱 커다란 성공을 거두었다는 것을 잘 알 수 있습니다.

그러나 여우의 본성을 상황에 맞게 잘 채색하여 때론 동질적으로 때론 이질적일 정도로 숨길 필요가 있습니다. 이는 능숙한 기만자이자 위선자가 되어야 한다는 것을 의미합니다. 인간은 매우 단순하고 눈앞의 필요에 따라 쉽게 복종하기에, 타인을 속이고자 하는 사람은 언제든지 속아 넘어갈 사람을 찾아낼 수 있습니다.

저는 최근 여러 사례 중에서 다음의 사례에 대해 꼭 거론하려고 합니다. 알렉산데르 6세는 사람을 속이는 일 이외에 다른 일에는 관심조차 없는 사람으로, 항상 속아 넘어갈 수 있을 만한 사람들을 쉽게 찾아내었습니다. 알렉산데르 6세만큼 모든 사안에 대해 매우 강고하고 확실하게 맹세했음에도 불구하고 그 약속을 지키지 않은 사람은 없을 것입니다. 그럼에도 알렉산데르 6세는 세상일의 이런 측면을 잘 이해하고 있었기 때문에 그의 기만은 항상 성공적인 효과를 거둘 수 있었습니다.

그런 이유로 군주는 위에서 언급한 모든 인간 성품을 실제로 갖출 필요는 없겠지만, 그런 성품을 갖춘 것처럼 보이는 것은 필요합니다. 더 나아가 저는 군주가 그러한 성품을 갖추고 늘 실천에 옮기는 것은 문제가 될 수 있지만, 성품을 갖춘 것처럼 보이게 하는 것은 유용할 수 있다고 감히 장담합니다. 예컨대, 자비롭고 신의가 있으며, 인간적이고 정직하며 신앙심이 깊은 것처럼 보이는 것이 좋을 뿐만 아니라 실제로 유용하다고 말할 수 있습니다. 그러나 그렇지 않게 행동할 필요가 때는, 당신은 그와 정반대로 행동할 자세가 되어 있어야 하며, 실제로 그렇게 행동하는 방법을 알고 있어야 합니다.

또한 군주는, 특히 신생 군주는 사람들이 훌륭한 성품을 가졌다고 평가하는 기준에 모두 부합하여 처신할 필요가 없다는 점을 이해해야 합니다. 왜냐하면 자기 국가를 유지하기 위해서는 종종 신의를 지키지 않거나, 무자비하면서도, 비인도적으로 행동하고 종교적 경건함에 반하는 행동을 취할 필요가 종종 발생하기 때문입니다.

따라서 군주는 자기 포르투나의 풍향과 세상사의 변화에 따른 상황들에 맞추어 자기 행동을 적절하게 바꿀 수 있는 유연한 마음가짐과 자세를 갖출 필요가 있습니다. 또한 앞서 언급했듯이, 되도록 올바른 행동과 태도에서 벗어나지 말아야 하셨지만, 필요하다면 나쁜 행동과 태도를 보일 수 있어야 합니다.

그런 이유로 군주는 자기 입에서 나오는 모든 말이 앞에서 이야기한 다섯 가지 성품들(신의, 자비심, 인간적임, 정직성, 신앙심)로 가득 찬 것이 아니라면 매우 조심하여야 합니다. 자신을 대면한 사람들에게 군주는 지극히 자비롭고 신의가 있으며 정직하고 인간적이며 경건한 것처럼 보여야 합니다. 특히 그중에서도 경건한 신앙심이 깊은 군주처럼 보일 필요가 있습니다.

사람들은 이 문제와 관련하여 일반적으로 손으로 만져보고 판단하기보다는 눈으로 보고 상황과 상태를 판단하기 마련입니다. 왜냐하면 모든 사람이 당신을 볼 수 있지만, 직접 만져볼 수 있는 사람은 매우 드물기 때문입니다. 다시 말해 모든 사람이 당신이 밖으로 드러낸 외양을 볼 수 있는 반면에 당신이 진실로 어떤 사람인가를 직접 경험으로 알 수 있는 사람은 소수에 불과합니다. 그러한 소수는 군주의 위엄을 지지하는 대다수의 견해에 감히 반대하거나 대항하지 못합니다. 인간의 모든 행동과 관련하여, 특히 직접적으로 자세한 설명을 들을 기회가 없는 군주의 행동에 관해서 평범한 인간들은 최종의 결과에 따라 판단할 수밖에 없습니다.

따라서 군주가 전쟁에서 승리하고 국가를 유지하게 되면, 그러한 결과에 이르는 수단에 대해 모든 사람은 항상 명예스럽고 찬양받을 만한 것으로 판단하게 될 것입니다. 왜냐하면 보통 사람들은 외적으로 드러난 모습과 결과에 감명받기 때문입니다. 세상 사람들은 대다수가 보통 사람들입니다. 대다수의 이러한 평범한 사람들이 국가를 지지하게 되면 소수의 사람은 고립될 수밖에 없습니다.

　군이 실명을 밝히지 않더라도, 우리 시대의 어떤 군주는 항상 평화와 신의를 부르짖지만, 실제로는 이러한 원칙과 반대로 행동합니다. 만약 그가 이 두지 중 하나만이라도 실천으로 옮겼더라면, 그는 자기 명성이나 국가를 잃었을 것이고, 그것도 여러 번 잃었을 것입니다.

제19장

경멸과 증오를 어떤 방식으로 피할 수 있는가

그런데 제15장에서 언급한 인간의 성품 중에서 가장 중요한 부분은 이미 논의했기 때문에, 저는 다른 성품들을 다음과 같은 일반적인 용어를 통해 간단하게 논의하겠습니다. 곧 군주는 이미 앞(제16장과 제17장)에서 부분적으로 설명한 것처럼, 그 자신이 미움을 받거나 경멸을 받는 일은 무엇이든지 삼가야 한다는 것을 의미합니다. 이러한 상황을 피하게 되면 군주는 자신이 해야 할 책무를 다한 것이며, 비난받을 다른 잘못을 저질렀을지라도 위험에 처하지 않을 것입니다.

이미 이야기했듯이(제17장에서), 다른 무엇보다도 군주가 미움의 대상이 되는 것은 신민의 재산과 부녀자를 강탈하는 것입니다. 이런 일만은 절대로 삼가야 합니다.

일반적으로 보통의 평범한 사람들은 자기 부와 명예를 빼앗기지 않으면, 만족하면서 살기 마련입니다. 따라서 군주는 지나치게 야망이 있는 소수만 잘 대하면 되는데, 그들은 다양한 방법으로 쉽게 제압할 수 있습니다.

군주가 경멸받게 되는 사유는 변덕이 심하고 경박하며, 유약하고 소심하며, 우유부단한 인물로 여겨질 때입니다. 마치 배가 암초를 피해서 항해하듯이, 군주는 경멸받지 않도록 해야 합니다. 군주는 자기 행동에서 위엄, 용기, 진중함, 강력함을 나타낼 수 있어야 합니다. 또한 인민 간 사적인 관계에 영향을 미칠 수 있는 사사로운 사안에 대해 자기 결정을 번복하지 않도록 해야 합니다. 군주는 이와 같은 명성을 유지함으로써 누구도 군주에게 거짓말을 하거나 기만하는 술책을 꾸밀 생각을 못하게 해야 합니다.

군주 자신에 대해 그와 같은 평판을 얻는 데 성공한 군주는 매우 높은 명성을 누릴 수 있습니다. 군주가 매우 유능한 인물로 알려지고, 인민들이 군주를 매우 존경하면서도 두려워하는 한, 군주를 음해하거나 공격하는 일을 작당하는 것이 쉽지 않을 것입니다.

군주에게는 두 가지 커다란 걱정거리가 있는데, 하나는 대내적인 것으로 신민에 관한 사안이며 다른 하나는 대외적인 것으로 외부 세력에 관한 사안입니다.

외국 세력의 위협에 대해서 군주는 훈련된 좋은 군대와 믿을 만한 동맹을 갖는 것이 효과적인 방어책입니다. 군주가 훈련된 좋은 군대를 갖게 되면 항상 믿을 만한 동맹을 얻게 되는 결과를 가져옵니다.

국가가 내란이나 반동에 의해 혼란스러운 상황이 아닌 한, 대외적인 관계가 굳건하게 안정되어 있을 때는 대내적 문제 역시 별다른 혼돈이나 어려움이 발생하지 않을 것입니다. 설사 대외 정세가 불안정하더라도 제가 앞서 이야기한 대로 평정심을 잃지 않고 일상생활을 영위하면서 정무를 처리한다면 군주는 어떠한 공격이라도 항상 격퇴할 수 있을 것입니다. 이는 앞서 언급한 스파르타의 나비스가 그랬듯이 말입니다.

그러나 신민에 대해 언급하자면, 대외적으로 혼란이나 위협이 없더라도 군주는 신민이 몰래 음모를 꾸미지 않도록 항상 조심해야 합니다. 신민에게 미움과 경멸을 받지 않으면서 그들이 군주에게 만족하게끔 한다면, 군주는 내적 위험으로부터 효과적으로 자신을 보호할 수 있습니다. 이는 제가 앞서 장황하게 이야기한 것처럼, 군주가 반드시 명심할 필요가 있습니다.

군주가 음모에 대비할 수 있는 최선의 안전 방책 중 하나는 신민들에게 미움을 받지 않는 것입니다. 왜냐하면 음모를 획책하는 이들은 항상 군주를 암살하는 일이 신민들을 만족시킬 만한 것이라는 믿음 속에서 일을 저지르기 때문입니다. 이에 반해 자신들의 획책과 소행이 인민들의 분노를 불러일으킬 것으로 판단되면, 음모자들은 거사 도모를 무척이나 주저하게 될 것입니다.

그것은 음모에는 항상 무수한 어려움과 위험이 따르기에 지금까지 많은 음모가 이어져 왔지만, 경험적으로 보아 성공한 음모는 별로 많지 않았기 때문입니다.

또한 음모자는 단독으로 음모를 획책하여 행동할 수 없으며, 불만을 가진 이들로부터 도움을 구하지 않을 수 없기 때문입니다. 만약 불만을 가진 이들에게 음모자 자기 계획을 털어놓게 되면, 이는 불평불만 자에게 그가 가졌던 불만은 해소할 기회를 주게 됩니다. 그렇게 되면 음모자는 그러한 불평분자에게 어느 정도 확실한 보상을 기대할 수 있게 됩니다. 이러한 상황에서 그러한 음모를 들은 이는, 한편으로 군주에게 음모 폭로의 대가에 따른 확실한 이익을 기대할 수 있거나, 다른 한편으로 음모자와 함께 음모에 적극적으로 가담할 때 발생할 수 있는 많은 위험과 불확실한 이익을 예상할 수 있을 것입니다. 그럼에도 그 불평불만 자가 음모자인 당신의 비밀을 지킨다면 그는 당신의 둘도 없는 친구일 것이거나, 혹은 군주와는 불구대천의 원수임이 분명합니다.

이를 다시 요약해서 말하자면 다음과 같습니다. 음모자에게는 오직 발각이나 배신의 공포와 끔찍한 처벌의 예상만이 존재하는데 반해, 군주는 자기 지위에 상응하는 위엄과 자기 의지로 할 수 있는 법률 및 자신을 보호하는 동맹 세력들과 국가의 행정적 지원까지 갖추고 있습니다. 더군다나 이러한 모든 이점에 인민의 선의마저 더해진다면, 누구라도 섣불리 경솔하게 음모를 꾀할 수 없을 것입니다.

이처럼 음모자는 범죄를 수행하기 전 일반적으로 두려움을 가질만한 많은 이유가 있게 마련입니다. 그러나 만약 인민이 군주에게 호의적이라면 음모자가 음모를 행한 이후라 할지라도 두려울 수밖에 없는데, 그것은 인민이 음모자에게 적대적일 수 있으며, 나아가 그런 인민에게서 음모자는 어떠한 도피처도 발견할 수 없다는 점입니다.

이 주제와 관련하여 무수히 많은 사례를 들 수 있지만, 저는 우리 선대에 일어난 사건 하나를 예시하는 것으로 마칩니다.

현재 안니발레Anibale 영주의 조부로 볼로냐의 군주였던 안니발레 벤티볼리오Anible Bentivogli는 칸네스키Canneschi 가문의 음모에 의해서 살해되었습니다. 당시 그의 유일한 아들 조반니는 어린 아기였습니다. 벤티볼리오가 암살당하자, 즉각적으로 인민이 봉기하여 칸네스키 가문을 모두 참살했습니다.

이는 당시 벤티볼리오 가문이 인민들에게 두터운 신망을 얻고 있었기 때문인데, 그 신망은 정말 대단한 것이었습니다. 안니발레가 죽은 후 당시 볼로냐에는 볼로냐를 통치할 만한 가문의 후손이 아무도 없었습니다. 그런데 벤티볼리오 가문의 누군가(그 당시 그 후손이 대장장이의 아들이라고 알려져 있었습니다)가 피렌체에 살아 있다는 소문을 듣고, 볼로냐인들은 그 후손을 피렌체에서 모셔 와 볼로냐의 통치를 맡겼습니다. 그리고 그 후손이 조반니가 통치할 수 있을 만한 나이가 될 때까지 볼로냐를 통치했습니다.

따라서 결론적으로 이야기하자면, 인민이 군주에게 호감을 품고 있다면 군주는 음모에 대해서 걱정해야 할 이유가 별로 없지만, 인민이 적대적이고 군주를 미워한다면 매사에 모든 사람을 두려워해야만 한다고 말씀드리고 싶습니다.

질서가 잡힌 국가와 현명한 군주는 귀족들이 분노하지 않도록 해야 하며, 인민이 만족할 수 있도록 항상 세심한 주의를 기울이면서 항상 그러한 상태를 유지하기 위한 모든 노력을 기울여야 할 것입니다. 이것이야말로 모든 군주가 해야 할 가장 중요한 일 가운데 하나이기 때문입니다.

프랑스는 근래 가장 질서가 잘 잡히고 잘 통치되는 왕국 중 하나입니다. 프랑스에는 왕의 자유 및 안전의 기초가 되는 많은 우수한 제도들이 있습니다. 그중 가장 훌륭한 제도의 하나가 대단한 권위를 가진 고등법원parlamento입니다.

고등법원이 훌륭한 제도라고 한 것은 프랑스 왕국을 개혁한 왕(루이 9세)은 귀족들의 야심과 거만함을 잘 알고 있었기 때문에, 이를 통제하기 위해서 귀족들의 권력을 제어할 장치가 필요하다고 생각했습니다. 다른 한편으로 왕은 평민universale이 귀족grandi을 미워하는 것이 그들에 대한 두려움 때문이라는 사실을 알았기 때문에, 평민들을 귀족으로부터 보호하려고 했습니다. 그러나 왕은 그러한 보호 역할을 왕의 특별한 과업으로 삼고 싶지 않았습니다. 왕은 평민들에게 호의를 가졌다는 이유로 귀족들에게 미움을 사거나, 귀족들에게 호의를 가졌다는 이유로 평민들에게 미움받는 것을 원하지 않았습니다.

그런 이유로 왕은 자신이 직접 적개심을 불러일으킬 필요가 없는 중립적인 제3의 심판기관을 내세워 왕에게 부담을 주지 않으면서 귀족들을 견제하고 평민들을 보호할 수 있도록 했습니다.

그러한 결과 왕에게 자신과 왕국을 보호하고 권력을 강화하는데 이보다 더 현명한 대응이 없었을 뿐만 아니라 더 효율적인 제도역시 없었습니다.

이로부터 또 다른 중요한 교훈을 얻을 수 있는데, 군주는 미움받을만한 일은 타인에게 떠넘기고 명예와 명망을 얻을만한 일은군주 자신이 직접 나서서 해야 한다는 사실입니다. 이에 군주는 귀족을 존중해야 하지만 평민의 미움을 사서는 안 된다는 점을 다시한번 강조하고 싶습니다.

여기서 로마 황제들의 삶과 죽음을 검토해 본다면 제가 제시한 의견과는 상반된 증거를 얻을 수 있다고 반론을 제기할 사람들이 아마도 적지 않을 것 같습니다. 왜냐하면 몇몇 황제들은 항상 존경받고 감탄할 만한 삶을 살았으며, 정신의 위대한 비르투를 보여주었지만, 자기 부하들의 음모로 권력을 잃거나 암살되었기 때문입니다.

이러한 반론에 대해서 저는 그 황제들의 인간적 자질을 분석하여, 이들 황제가 몰락한 이유가 앞서 제기한 저의 주장과 크게 다르지 않다는 점을 상기시키면서, 이를 다시 생각해 보라고 답하겠습니다. 이러한 사항은 당시 행적들을 연구하는 사람에게는 누구라도 주목할 만한 점들이었다는 점을 고려하라고 강조하고 싶습니다.

여기서 저는 철학자 마르쿠스 아우렐리우스 황제로부터 시작하여 막시미누스 황제에 이르기까지 간단하게 검토하겠습니다. 마르쿠스(161년~180년 재임), 그의 아들인 코모두스(180년~192년 재임), 페르티낙스(193년 재임), 디디우스 율리아누스(193년 재임), 셉티미우스 세베루스(193년~211년 재임), 그의 아들인 안토니우스 카라칼라(211년~217년 재임), 마크리누스(217년~218년 재임), 헬리오가발루스(218년~222년 재임), 알렉산더 세베루스(222년~235년 재임) 그리고 마지막으로 막시미누스(235년~238년 재임)가 그들입니다.

우선 첫 번째로 주목할 만한 사실은 다른 군주국에서는 귀족의 야심과 평민의 무례함만을 염두에 두면 되었지만, 로마 황제들은 다른 어려움에 직면했다는 사실입니다. 그것은 황제들이 병사들의 잔인함과 탐욕에 견디고 대처해야만 했다는 사실입니다.

이는 매우 대응하기 어려운 문제로 많은 황제를 몰락시켰습니다. 군인과 평민을 동시에 만족시키기란 매우 어려웠기 때문입니다. 그 이유는 평민은 평화로운 삶을 좋아하기에 그러한 기대를 만족시킬 온건한 군주를 원하는 데 반해, 군인은 호전적이어서 오만하고 잔인하며 탐욕스러운 군주를 좋아하기 때문이었습니다. 다시 말해, 군인들은 군주가 평민을 거칠게 다루게 되면 그 결과로 자신들의 보수가 인상됨과 동시에, 군인들 그러한 군주를 통해 자신들의 탐욕성과 잔인성을 만족시킬 수 있기 때문입니다.

그로 인해 황제 자기 천부적 자질이나 통치력 부족으로 인해 군인과 평민을 동시에 제어하여 통제할 수 있을 만한 명망을 갖추지 못한 황제들은 항상 몰락했습니다.

대부분 황제, 특히 새로 황제의 지위에 오른 이들은 이처럼 군인들과 평민들의 상반되는 욕구를 동시에 만족시키는 일이 어렵다는 것을 깨닫게 되자마자, 평민이 박해받는 일에 대해서는 그다지 신경 쓰지 않으면서 군인들을 만족시키려고 노력했습니다.

이러한 선택은 당연한 것이었습니다. 군주는 어느 한 편으로부터 미움받는 일을 피할 수는 없으므로, 군주가 해야 할 첫 번째 임무는 다수 집단의 사람들에게서 미움받는 일만큼은 절대로 피해야 합니다. 만약 그러한 선택이 불가능하다면, 무슨 수단을 써서라도 가장 강력한 집단으로부터 미움받는 일만은 피해야 합니다.

따라서 새로 즉위한 황제들은 누군가로부터의 강력한 지지가 절실히 필요했기에 평민들보다 군인들에게 호의를 얻기 위해 노력했습니다. 그러나 이런 군주의 태도와 방향은 군주가 군인들 사이에서 자기 평판을 유지하는 방법을 알고 있었는가에 따라 유용한 것일 수도 혹은 아닐 수도 있었습니다.

앞서 언급한 이유로 마르쿠스Marco, 페르티낙스Pertinace, 알렉산더Alessandro는 모두 검소하게 살았고, 정의를 사랑하고, 잔인한 태도를 버렸으며, 모두 인간적이고 인자했음에도 불구하고 마르쿠스를 제외하고는 비참하게 죽음을 맞이하게 되는 일이 발생하였습니다.

오직 마르쿠스 아우렐리우스만이 명예롭게 살다가 세상을 떠났습니다. 마르쿠스는 아버지로부터 황제 지위를 물려받았으며, 자기 권력을 형성하고 유지하는 과정에서 특정한 군인들이나 평민들에게 기대지 않았기에 가능했습니다. 게다가 마르쿠스는 훌륭한 자질을 갖춘 비르투를 가지고 있었기 때문에 대단히 존경받았으며, 그의 재위 기간 내내 군인과 인민을 통제할 수 있었고, 어느 한 쪽으로부터 미움받거나 경멸 받을만한 일을 항상 피했습니다.

그러나 페르티낙스는 군인들의 지지를 받지 못하고 황제가 되었는데, 이들 군인은 이미 코모두스 치하에서 방탕하고 방종적인 생활에 익숙한 이들이었기에 페르티낙스가 원하는 절제되고 검소한 생활 지시와 통제를 이들 군인은 참을 수가 없었습니다. 그리하여 페르티낙스는 군인들에게 미움받았으며, 게다가 매우 연로하여 군인들로부터 경멸을 받았기 때문에, 황제 즉위 얼마 안 되어 물러나고 말았습니다.

이에 여기에서 주목하여 언급할 것은 악행은 물론 선행도 미움을 초래할 수 있다는 사실입니다. 앞서 이야기한 것처럼 국가를 유지하고자 하는 군주는 때때로 선하지 않게 행동하도록 강요당하기도 합니다.

왜냐하면 군주가 권력을 유지하기 위해서 평민이건 군인이건 누군가의 도움을 받을 필요가 있다고 생각되면, 군주는 그들을 만족시키기 위해서 그들의 성향에 맞추어 행동해야 합니다. 그러나 그들이 혹 부패한 집단이라면 군주의 그러한 선한 행동이 군주의 권력과 그 자신을 해롭게 합니다.

그런데 여기서 알렉산더의 경우를 살펴보기로 하겠습니다. 알렉산더는 너무나 선량해서 알렉산더가 수행한 많은 일들로 칭송받았습니다. 대표적인 사례로 알렉산더 재위 14년 동안 알렉산더는 재판 없이 단 한 사람도 처형하지 않았습니다. 그럼에도 불구하고 알렉산더는 매우 유약해서 어머니의 재량에서 벗어나지 못할 정도로 연약한 황제로 생각되었습니다. 이런 이유로 인해 알렉산더는 경멸의 대상이 되는 황제였으며, 반란을 일으킨 군인들에게 결국 피살되었습니다.

이제 알렉산더와 대조적인 성품을 지닌 황제들, 코모두스Commodo, 세베루스Severo, 안토니우스 카라칼라Antonino Caracalla, 그리고 막시미누스Massimino 사례를 들어보겠습니다. 이들 황제 모두는 매우 잔인하고 탐욕스러웠습니다. 이들 황제는 군인들을 만족시키기 위해 평민들에게 온갖 악행을 서슴지 않고 저질렀습니다.

그리하여 세베루스를 제외하고 그를 제외한 황제들은 모두 비참한 최후를 맞이했습니다. 그러나 세베루스는, 비록 평민들에게 악행을 자행하기는 했지만, 매우 많은 비르투를 갖추고 있어서 군인들과 우호적인 관계를 유지하면서 마지막까지 성공적으로 통치할 수 있었습니다. 세베루스의 뛰어난 비르투로 인해 모두에게 탁월한 인물로 추앙받았는데, 평민들은 놀랄 정도의 경외감을 가지고 세베루스를 존경했으며 군인들 역시 세베루스에게 존경과 만족스러움을 표현했습니다.

세베루스의 행적은 매우 탁월하였으며, 새로이 군주가 된 이에게는 눈여겨 볼만한 가치가 있는 인물이기 때문에 여기서 세베루스에 대해 간략하게 검토하고자 합니다. 특히 세베루스는 제가 군주가 모방할 필요가 있는 자질이라고 강조한 바 있는(제18장에서 언급) 여우와 사자의 기질을 얼마나 잘 활용했는지 주목할 필요가 있습니다.

세베루스는 디디우스 율리아누스 황제의 무능함을 잘 알고 있었습니다. 이에 세베루스 자신이 슬라보니아Stiavonia[7] 지역을 다스리고 있던 로마 군대에게 로마로 행군하여 근위대에게 피살당한 페르티낙스의 죽음을 복수하자고 설득했습니다.

세베루스는 이를 명분으로 삼아 자신이 황제가 되고 싶어 하는 야망을 숨기면서 로마로 진군할 수 있었습니다. 세베루스는 군대를 거느리고 매우 빠른 속도로 진군하여, 슬라보니아를 출발했다는 소식이 알려지기도 전에 이탈리아에 도착할 수 있었습니다.

세베루스가 로마에 도착했을 때, 두려움에 처한 원로원은 세베루스를 새로운 황제로 선출하였으며, 율리아누스를 처형했습니다.

그러나 이후 세베루스가 로마 제국 전체를 통지하기까지 두 가지 어려움에 봉착하게 됩니다. 하나는 아시아에서 아시아 군대의 사령관으로 로마 군대를 지휘하고 있던 페스케니우스 니그루스Nigro가 스스로 황제로 칭하고 즉위한 사건을 해결해야 하는 것이었으며, 다른 하나는 다른 하나는 서부 지역에 있던 알비누스Albino 황제의 야욕을 분쇄하는 일이었습니다.

세베루스는 이들 두 사람에게 동시에 적의를 보이는 것은 위험하다고 생각했기 때문에 우선 니그루스를 공격하고 알비누스는

---

7)   로마 시대에는 이곳을 판노니아Pannonia라고 불렀으며, 현재의 발칸반도 지역을 지칭한다.

속이기로 결심했습니다. 이에 세베루스는 알비누스에게 서한을 보내 원로원이 자신을 황제로 추대했지만, 자신은 그 지위를 알비누스와 공동 통치하기를 원한다고 적었습니다. 그러고 나서 알비누스에게 카이사르의 칭호를 보내면서 원로원의 결정에 따라 알비누스 역시 공동 황제로서 즉위해야 한다고 썼습니다. 알비누스는 이를 진실로 받아들이게 되었습니다.

그러나 세베루스는 니그루스와의 전투에서 승리한 뒤 니그루스를 죽이고 로마 제국의 동부 지역을 평정한 후 로마에 돌아와 원로원에서 알비누스에 대해 다음과 같이 말하였습니다. 알비누스가 세베루스 자신이 베푼 은혜에 전혀 고마워하지 않고 부당하게 세베루스 자신을 살해하고자 시도했기에 알비누스의 배신행위를 응징하기 위해서라도 군대를 동원하여 출병해야 한다고 호소하였습니다. 이후 세베루스는 프랑스에 있는 알비누스를 공격했으며, 알비누스의 지위를 박탈하고 그의 생명을 빼앗았습니다.

세베루스의 행적을 면밀히 검토해 본 사람이라면, 누구나 세베루스가 매우 용맹한 사자이자 교활한 여우였고, 모든 사람에게 두려움의 대상이자 존경의 대상이기도 했다고 평가할 수 있습니다. 더군다나 세베루스는 군인들에게 미움을 받지도 않았던 황제였다고 결론지을 수 있습니다. 결국 신생 군주였음에도 세베루스가 그토록 거대한 제국을 완전히 지배할 수 있었다는 사실은 그리 놀라운 일이 아닙니다. 이는 세베루스의 엄청난 평판으로 인해, 세베루스가 황제 지위를 약탈했다는 사실에 대해 인민이 품었을지 모르는 미움으로부터 세베루스 자신을 지킬 수 있었기 때문입니다.

그런데 그의 아들 안토니우스 역시 많은 탁월한 성품들을 지녔기 때문에 평민들로부터는 크나큰 칭송을 받았고, 군인들로부터는 대단한 호감을 샀습니다. 안토니우스는 어떤 역경이든 견딜 수 있을만한 용맹한 전사이자, 호사로운 음식과 모든 유형의 나약함을 경멸했던 황제였기에, 모든 군인이 안토니우스를 사랑하고 존경했습니다.

그럼에도 안토니우스 칼리칼라는 이제껏 보지 못한 야만적이고 잔악한 행위를 저질렀습니다. 안토니우스는 너무 많은 사람을 살해한 것도 모자라 로마 시민 대다수와 알렉산드리아의 신민 모두를 살해했습니다. 그런 이유로 안토니우스는 세상 모든 사람에게 커다란 미움을 사게 되었습니다. 그의 측근조차도 그를 두려워하기 시작했으며, 급기야 안토니우스는 어느 날 자기 군대가 지켜보는 가운데 용병 대장에게 살해되었습니다.

여기에서 주목할 것은 증오와 적의에 가득한 결심으로 자행되는 이러한 유형의 암살은 어떤 군주라 하더라도 막을 수 없다는 점입니다. 죽음을 두려워하지 않는 사람이라면 누구라도 군주를 죽일 수 있기 때문입니다. 그러나 이러한 유형의 사태는 매우 드물게 일어나는 일이기에 군주가 이를 너무 두려워할 필요는 없습니다.

오직 군주는, 안토니우스가 그랬던 것처럼, 자신을 모시는 측근이나 궁정 신하들을 심각하게 해치거나 모욕하지 않도록 조심해야 합니다. 안토니우스는 매우 악독한 방법으로 자신을 살해한 백인부대 대장의 형제를 죽였고, 지속해서 백인부대 대장마저 위협하였음에도 그 부대장에게 여전히 자신을 보호하는 경호 업무를 맡겼습니다. 이는 매우 경솔한 결정이었으며. 안토니우스를 파멸로 이끌 수 있는 근본적인 원인이었는데, 그러한 사태가 결국에는 현실화하고 말았습니다.

그러면 이제 코모두스 황제 사례를 보겠습니다. 코모두스는 아버지인 마르쿠스로부터 황제 자리를 물려받았기 때문에 아주 쉽게 권력을 유지할 수 있었습니다. 코모두스는 단지 아버지의 행적을 답습하는 것만으로도 충분히 권력을 유지했을 것이며, 그랬더라면 군인과 평민 모두를 만족시킬 수 있었을 것입니다.

그러나 코모두스는 천성적으로 잔인하고 야만적인 인물이었기에, 평민들을 제물로 삼아 자기 탐욕과 욕망을 만족시키기 위해 군인들의 비위를 맞추고 군인들이 멋대로 행동하도록 방치했습니다. 더욱이 코모두스는 황제의 위엄을 유지하지 못하는 행동과 품격을 지키지도 못했습니다. 때로 코모두스 자신이 격투장으로 내려가서 검투사들과 싸우기도 했으며, 대단히 천박하고 황제의 권위를 손상하는 다른 많은 일을 저질렀기에 군인들에게 경멸의 대상이 되기도 했습니다.

결국 그는 평민들에게는 미움을 받았고 군인들에게는 경멸받았기에 음모에 의해 살해되는 일이 발생했습니다.

그러면 이제 막시미누스의 인간적인 성품을 살펴보는 일만 남았습니다. 막시미누스는 매우 호전적인 인물이었습니다. 제가 이미 언급한 바대로, 군인들은 알렉산더 세베루스의 유약한 성품을 대단히 싫어했기에, 세베루스를 살해한 다음, 막시미누스를 황제로 추대했습니다. 그러나 막시미누스는 황제 지위를 오래 유지하지 못했는데, 두 가지 일로 인해 자신이 증오와 경멸의 대상이 되었기 때문입니다.

첫 번째 일은 막시미누스가 매우 미천한 신분 출신이었는데, 본래 막시미누스는 트라키아 지방 출신의 목동이었다는 사실입니다. 이러한 미천한 신분 출신이라는 사실은 모든 이들에게 알려졌고, 이에 따라 막시미누스는 매우 경멸당했습니다.

다른 하나는 막시미누스가 즉위 이후 초기에 로마로 가서 자기 임무와 일을 제때 처리하지 못했다는 사실입니다. 이러한 일 처리 미숙 등으로 막시미누스가 잔혹하다는 평판을 얻게 되는데, 그 이유는 막시미누스의 지방 장관들이 로마와 제국 여러 곳에서 수없이 많은 잔인한 악행을 저질렀기 때문입니다.

그러한 결과 모든 사람이 막시미누스의 미천한 태생에 대해 분노하고, 그의 잔인성을 두려워하여 막시미누스를 매우 미워했기 때문에, 먼저 아프리카에서 반란이 발생하였습니다. 이후 다시 로마의 원로원과 인민이 그를 반대하여 들고일어났으며, 급기야 이탈리아 전역에서 반란이 일어났습니다. 마지막에는 막시미누스의 군대도 반란을 일으켰습니다. 군인들은 당시 아퀼레이아Aquileia를 포위하여 공격하고 있었는데, 이 지역이 매우 어려운 지형이라 완전히 장악하지 못하고 곤경에 처하게 되었습니다. 이에 따라 군인들은 지쳐갔고, 막시미누스 황제의 잔혹함에 화가 나게 되었습니다. 그렇게 많은 이들로부터 미움과 적대심을 갖게 한 황제라는 사실이 알려지면서 황제를 덜 무서워하게 되었고, 결국 황제를 무참히 살해해 버리고 말았습니다.

그 외에도 헬리오가발루스, 마크 리노스 및 디디에스 율리아누스 황제 모두 경멸의 대상이었으며, 황제에 즉위 한 후 얼마 안되어 살해되었기 때문에 이들에 관해서는 더 이상 논의하지 않고 마무리하여 결론을 내리고자 합니다. 제가 보기에 우리 시대 군주들은 재임 기간 중 통치의 편의를 위해 폭력적이고 불법적인 수단으로 군인들을 만족시켜야 할 필요성이 그리 크지 않다고 생각합니다. 비록 여전히 이 군주들이 군인들에 대해 주의를 기울여야 하지만, 군인들을 처리하는 데 큰 어려움은 없다고 생각합니다. 왜냐하면 오늘날 군주들은 로마 제국 시대 군대와 같이 국가의 통치나 행정에 깊숙하게 관여하는 군대를 거느리고 있지 않기 때문입니다.

그러나 로마 제국 시대에는 황제들이 평민들보다 군인들을 만족시킬 필요가 훨씬 컸습니다. 이는 군인들이 평민들보다 더 강력한 세력을 이루고 있었기 때문입니다. 투르크와 이집트의 술탄을 제외한 이 시대의 모든 군주는 이제 군인보다 평민이 더 강력한 시대를 살고 있기에 군인이 아닌 평민을 더욱 만족시킬 필요가 있습니다.

제가 여기서 투르크와 술탄을 예외로 삼은 이유는 그들에게 항상 1만 2천의 보병과 1만 5천의 기병이 술탄을 보호하고 있으며, 왕국의 안전과 권력을 이들 군사력에 의존하여 보존하기 때문입니다. 따라서 술탄은 군대와의 관계를 우호적으로 유지하면서 평민보다 더욱 많은 관심을 기울여야 합니다.

이와 유사하게 이집트의 술탄 역시 왕국의 안위가 전적으로 군인에 달려 있어서, 술탄은 평민들이 원하는 바를 고려하기보다는 군인들에게 우호적인 입장을 취해야 합니다.

게다가 이러한 유형의 술탄 왕국은 많은 점에서 그 밖의 다른 군주국과 다르다는 점에 주목해야 합니다. 이들 술탄 왕국은 교회 국가의 교황과 유사하지만, 그렇다고 세습 군주국이라고 할 수도 없으며, 그렇다고 신생 군주국으로 분류할 수도 없습니다. 왜냐하면 장자상속과 같이 술탄의 아들이 왕위 상속자가 되어 군주가 되는 것이 아니라 선거권을 가진 지배계급들에 의해 선출된 자가 술탄의 지위를 승계하기 때문입니다.

이 제도는 그저 예로부터 내려오는 것이고, 신생 군주국이 흔히 당면하게 되는 여러 가지 어려운 문제들에 직면하지 않기 때문에, 이들 술탄 국가의 유형을 신생 군주국이라 부를 수도 없습니다. 비록 군주가 분명히 새로운 인물일지라도, 왕위 세습 제도 자체가 오래된 것이기도 하고, 선출된 군주를 마치 세습적인 군주로 인정할 징도의 확고함을 갖추기도 했기 때문입니다.

그러면 이제 우리의 주제로 돌아가겠습니다. 지금까지 제가 언급한 것들을 종합해 보면, 증오나 경멸이 앞서 언급된 황제들을 몰락시키는 주된 요인이자 원인이었다는 사실을 알게 될 것입니다. 황제 중 어떤 이들은 이런 방식으로 또 어떤 이들은 정반대의 방식으로 행동하였습니다. 이들 중 어느 한쪽의 황제들은 행보하고 성공적인 결과를 얻었지만, 다른 한쪽의 황제들은 불행하고 비극적인 종말을 맞이하게 되었습니다.

페르티낙스 황제와 알렉산더 세베루스 황제는 신생 군주였기에 세습으로 황제로 즉위한 마르쿠스 아우렐리우스를 추종하여 모방한 행위는 이들 황제에게는 무익하고 해로운 일이었습니다. 마찬가지로 카라칼라, 코모두스, 막시미누스 황제가 세베루스를 모방하고자 한 행위 역시 매우 위험한 일이었습니다. 그것은 이들 황제가 셉티미우스 세베루스 황제의 발자취를 뒤따를 수 있는 있을 만한 충분한 비르투를 갖추고 있지 않았기 때문입니다.

따라서 신생 군주국의 새로운 군주는 마르쿠스 아우렐리우스 황제의 행동을 모방할 수도 없으며, 그렇다고 셉티미우스 세베루스의 행적을 따라야 할 필요도 없는 것입니다. 그보다는 자신만의 국가를 확립하는 데 필요한 조처를 해야 할 때는 셉티미우스 세베루스로부터 교훈을 얻어야 하며, 이미 오랫동안 견고하게 보존된 국가를 유지하기 위해 적절하고 영광스러운 조처하고자 할 때는 마르쿠스 아우렐리우스로부터 교훈을 얻어야 할 것입니다.

제20장

요새 구축과 일상적으로 행하는 수많은 일들이 군주에게 유용한 직무일 것인지 아닐 것인지에 관하여

어떤 군주들은 국가를 더욱 확고하게 장악하기 위해서 신민들을 무장해제 시키고, 어떤 군주들은 자신들이 정복한 영토의 신민들 사이의 분열을 조장합니다. 또 어떤 군주들은 정복당한 신민들에게 자신에 대한 적의를 키우기도 하며, 다른 군주들은 국가 장악 초기에 다소 미심쩍었던 이들을 자기 편이 되도록 회유하기도 합니다. 어떤 군주들은 요새를 구축하기도 하고, 다른 군주들은 요새를 파괴하기도 합니다.

비록 이와 같은 조치들이 취해진 국가들이 가진 구체적인 상황과 사정을 고려하지 않은 채 이러한 행위들이 갖는 단정적인 판단을 할 수는 없겠지만, 주제 자체가 허용하는 범위 안에서 일반적인 관점으로 이 주제의 논의를 시작해 보겠습니다.

우선 신생 군주들은 신민들의 무장해제를 절대 진행하지 않았습니다. 오히려 신민들이 무장하지 않았다면, 군주들은 신민들을 무장하기 위해 항상 신민들에게 무기를 제공했습니다. 이는 군주가 신민들을 무장시키면, 신민들의 무장 병력은 군주의 무력과 군사력이 되기 때문입니다. 당신을 불신하던 자들은 충성스러운 신민으로 변하게 되고, 원래 충성스러운 이들은 당신에 대한 충성스러움을 유지하게 되며, 보통의 신민들로부터 열정적인 지지를 얻게 됩니다.

그러나 모든 신민에게 무기를 제공하여 무장할 수는 없으므로, 무장시킨 신민들에 혜택을 부여하면 그들을 통해 무장하지 않은 이들을 확실하게 통제하여 당신 자신을 확고하게 보호할 수 있습니다. 왜냐하면 무장한 신민들은 자신들이 나머지 비무장 신민들 비해 우대받는다고 생각하게 됨으로써 충성심이 높아지기 때문입니다. 이에 반해 나머지 비무장 신민들은 자신들에 비해 무장한 이들이 위험부담이 좀 더 크고 책임이 뒤따르는 임무를 수행해야 한다는 사실을 인식하기에 이들 무장 신민들이 자신들보다 우대받는 것이 당연하다고 인정함으로써 당신의 그러한 처신과 대우를 용인할 것입니다.

그러나 당신이 신민들의 무장을 해제시킨다면, 신민들의 감정을 상하게 할 것입니다. 이는 당신이 나약하고 비겁한 심성을 가진 의심 많은 군주라서 신민들을 믿지 않는다는 점을 보여주는 것이 되기 때문입니다. 그리고 이런 이유들은 당신이 미움을 사게 되는 원인이 됩니다. 결국 군사력을 갖추지 못한 채 국가를 유지할 수 없기에 당신은 어쩔 수 없이, 제가 앞서(제12장) 논의한 적이 있는, 그런 종류의 용병을 고용하여 국가를 유지할 수밖에 없습니다. 그러나 용병이 훌륭하고 효율적이라 하더라도, 강력한 적군이나 충성스럽지 않은 신민들로부터 당신을 지켜줄 수 있을 만큼 강력하거나 효과적이지 않습니다.

제가 이미 언급한 것처럼, 신생 군주국의 군주는 항상 점령지에서 신민들을 무장시켰으며 군대를 조직화했습니다. 역사는 그런 사례들로 가득합니다.

그런데 군주가 자신이 통치하고 있는 기존 국가에 다른 국가를 정복하여 병합시키려고 할 때, 그 정복과 병합 과정에서 자신을 도운 열성적 지지자들을 제외하고 점령지의 신민들을 무장 해제시켜야 합니다. 그리고 시간이 지나면서 기회가 된다면, 그 과정에서 조력했던 지지자 세력 역시 약화해 순종적인 신민으로 만들 필요가 있습니다. 앞서 언급한 것처럼, 국가 전체의 군사력은 예전부터 당신 가까운 곳에서 군주를 위해 봉사해 온 기존 군인들에게 집중시켜 군대를 조직할 필요가 있습니다.

현자라고 존경받는 위인들을 포함하여 우리의 선조들은, 피스토이아Pistoia는 파벌을 조장해 분열을 이용해 다스리고, 피사는 요새화된 성곽을 봉쇄하여 통치할 필요가 있다고 말하고 있습니다.[8]

---

[8]   이 말의 기원은 로렌초 데 메디치의 이야기를 전한 마르코 포스카리Marco Foscari의 전언에

이러한 지침에 따라 자신들이 점령한 영토의 신민들 사이에 불화와 내분을 조장하여 쉽게 지배하려고 했습니다.

이러한 책략은 이탈리아가 평화가 유지되었던 시대(1454년부터 1494년까지의 시기를 지칭함; 제11장 참조)에는 어느 정도 효과를 보았지만, 오늘날에는 더 이상 통용되지 않는다고 저는 믿습니다. 다시 말해 제가 보기에 불신과 분열은 누구에게도 도움이 되지 않는다는 것입니다. 오히려 분열과 파벌로 갈라진 도시는 적군의 위협을 받게 되면 쉽게 무너집니다. 이는 세력이 약한 파벌이 항상 침략자와 결탁하는 데에 반해, 다른 파벌 역시 이를 저지할 수 있을 만큼 세력이 강하지 못하기 때문입니다.

앞서 언급한 이유와 유사하게, 베네치아인은 자신들이 지배하는 도시 내부를 겔프(황제지지파)와 기벨린(교황지지파)이라는 두 파벌을 만들어 분열시켰습니다. 비록 두 파벌 사이의 유혈 참극이 발생하지는 않았지만, 베네치아인은 그들 사이를 교묘하게 분열시킴으로써 시민들이 파벌 싸움에만 몰두하여 베네치아인에게 단결하여 저항하지 못하도록 했습니다.

곧 살펴보겠지만, 이러한 책략은 결과적으로 베네치아인에게도 도움이 되지 않았습니다. 베네치아가 바일라 전투에서 패배하자마자, 일부 도시들은 대담하게도 반란을 일으켰고, 베네치아부

따른 것인데, 포스카리는 "피스토이아는 파당을 조장하여, 피사는 가난하게 만들어서, 볼테라는 무력으로, 아레쪼는 주변 지역의 편을 들어서, 코르토나는 호의를 베풀어 통치하는 것이 필요하다"라고 데 메디치의 전언을 남겼다. (Connell 2005, 105 각주 3 참조).

터 내륙에 있는 베네치아 제국 점령지 롬바르디아의 도시 대부분을 되찾는 일이 발생했습니다.[9]

따라서 분열 통치 전략은 군주의 나약함을 보여주는 증거이며, 강대한 군주국은 그러한 분열 통치 전략을 절대 허용하지 않습니다. 왜냐하면 분열 통치 전략은 신민들을 쉽게 통제할 수 있는 평화 시에만 유용하기 때문입니다. 그러나 막상 전쟁이 일어나면, 그러한 분열 통치 전략은 명백하게 잘못되었다는 점을 드러내게 됩니다.

군주는 자신에게 닥친 시련과 직면한 어려움을 극복할 때, 더욱 위대해진다는 사실은 의문의 여지가 없습니다. 이러한 이유로 포르투나는 세습 군주보다 더 큰 명성을 획득해야 할 필요가 있는 신생 군주의 권력을 굳건하게 확대하고자 할 때 더욱 필요합니다. 포르투나는 신생 군주가 성장한 적과 싸워서 물리칠 기회를 제공하고, 신생 군주는 그러한 기회를 사다리처럼 활용하여 더 높은 곳을 향하여 갈 수 있도록 해줍니다.

따라서 많은 사람은, 현명한 군주라면 그런 기회가 주어지면 적대적 세력들을 활용하여 어떻게든 교묘하게 이용하여 적대적 세력을 물리치게 함으로써 신생 군주의 명성과 권력은 더욱 강력해질 수 있다고 생각합니다.

---

9) 프랑스 황제에게 우호적인 기벨린 파가 바일라 전투에서 베네치아가 패하자, 반란을 일으켜 자신들의 도시, 브레시아, 베로나, 비첸자, 파도바를 되찾아 프랑스에서 넘겨주었던 사건을 가리킨다.

군주, 특히 신생 군주는 종종 자기 권력을 구축하는 통치 초기에 자신을 미덥지 않아 하는 이들이 군주 자신이 처음부터 신뢰했던 사람들보다 더 믿을 만하고 유용하다는 사실을 발견할 때가 있습니다.

시에나의 군주 판돌포 페트루치Pandolfo Petrucci는 다른 누구보다도 자신이 한때는 미심쩍게 본 사람들의 도움을 통해 국가를 잘 다스릴 수 있었습니다.

그러나 개개의 인간이 가진 상황과 환경이 다르기에, 이를 일반화시켜 정의하기는 어렵습니다. 다만 제가 말씀드릴 수 있는 것은 다음과 같습니다. 군주는 국가권력 형성 초기에 자신에게 적대적인 사람 중 자력으로 자기 지위를 유지하기 어려워 누군가에게 의지하거나 도움을 받아야 하는 사람들을 군주 자기편으로 끌어들이기가 매우 쉽다는 점을 깨닫게 된다는 것입니다. 그들 역시 자신에게 불리한 초기 인상과 평판을 만회하기 위해서라도 군주에게 충성스럽게 봉사할 의무감을 갖게 됩니다. 이는 그들 입장에서 보면 절실하고 꼭 필요한 행동이자 처신이기 때문입니다.

따라서 군주는 자기 지위가 매우 확고하다고 느껴 군주 관련 업무를 소홀히 하는 경향이 있는 사람들보다 그런 유형의 사람들이 훨씬 군주 자신에게 훨씬 더 유용하다는 사실을 항상 깨달을 수 있습니다.

게다가 신생 군주라면 누구에게나 상기시킬 필요가 있는 중대하고 심각한 문제가 있습니다. 즉, 특정 국가 내부자인 신민들의 호의로 권력을 잡은 지 얼마 되지 않은 신생 군주라면, 자기 권력을 장악할 수 있도록 도움을 준 이들이 자신을 지원했던 이유를 잘 생각해 보아야 합니다.

만약 그 이유가 신생 군주에 대한 자연스러운 호의 때문이 아니라, 단지 이전 군주에 대한 반감이나 불만으로 인해 생긴 것이라면, 그들과 우호적인 관계를 유지하기가 매우 어렵고 힘들 것입니다. (제3장에서 보았듯이) 신생 군주가 그러한 이들을 만족시키는 것은 거의 불가능하기 때문입니다.

고대와 근래의 역사로부터 끌어낸 사례들을 바탕으로 이러한 이유를 잘 살펴보면, 신생 군주로서는 이전 국가에 만족해서 새로운 군주에게 적대적이었던 이들을 신생 군주 편으로 끌어들이는 일은 이전 국가에 불만을 가져 신생 군주의 권력 형성에 기여한 사람들을 자기편에 계속 서게 하는 일보다 훨씬 더 쉽다는 것을 잘 알게 될 것입니다.

국가를 더 안전하게 보존하기 위해 군주들은 관습적으로 요새를 구축해 왔습니다. 요새는 군주에 대한 반란을 획책하는 이들에게는 재갈과 굴레로 작용하며 돌발적인 공격을 받을 때 안전한 피난처를 제공하기 위해서 고안된 것입니다.

이러한 관행은 고래로부터 내려온 것으로 저는 이러한 방법을 높이 평가합니다. 그렇지만 우리가 살고 있는 시대에 이에 반하는 사실을 보았습니다. 니콜로 비텔리Nicolò Vitelli는 자신이 통치하고 있는 국가를 지속하기 위해 치타 디 카스텔로Città di Castello의 두 요새를 허물어버렸습니다. 우르비노Urbino의 공작 귀도 우발도Guido Ubaldo는 체사레 보르자에게 빼앗겼던 자기 영지를 되찾았을 때, 그 지역의 모든 요새를 완전히 파괴해 버렸습니다. 그가 요새를 모두 파괴한 것은 나라를 다시 빼앗길 가능성을 좀 더 없애는 방법이라고 판단했기 때문입니다. 벤티불리오Bentivoglio 가문도 볼로냐에서 권력을 되찾았을 때, 이와 같은 방법을 선택하였습니다.

요새는 때에 따라 이롭기도 하고 해롭기도 합니다. 어떤 상황이냐에 따라 유불리가 좌우됩니다. 종종 요새는 어떤 점에서는 당신에게 이롭기도 하지만, 다른 점에서는 해롭기도 합니다.

이 점과 관련하여 다음과 같이 정리할 수 있습니다. 만약 군주가 외세보다 자기 신민을 더 두려워한다면, 군주는 요새를 구축해야 합니다. 그러나 자기 신민보다 외세를 더 두려워한다면, 당연히 요새를 없애야 합니다.

프란체스코 스포르차Francesco Sforza가 건설한 밀라노의 성은 그 국가의 다른 어떤 것보다도 더 큰 분쟁의 근원이었고, 앞으로도 그럴 것입니다.

결국 군주가 구축해야 할 최선의 요새는 인민에게 증오받지 않는 것입니다. 만약 당신이 요새를 건설한다고 해도 신민이 당신을 증오한다면, 구축한 요새가 당신을 구하지 못할 것입니다. 왜냐하면 신민이 무장하여 봉기하면 그들을 지원할 태세가 되어 있는 외세는 반드시 어딘가에 존재하기 때문입니다.

최근의 역사를 통해 살펴보면, 요새는 어떤 군주에게도 이익이 되지 않았습니다. 예외가 있었다면 포를리의 백작 부인 카테리나 스포르차의 경우입니다. 백작 부인은 자기 남편 지롤라모Girolamo 백작이 민중의 봉기로 인해 살해된 해(1488년)에 피난처를 제공한 요새 덕분에 민중의 공격을 피해 살아남을 수 있었습니다. 백작 부인은 요새에서 밀라노에서 오는 원군을 기다릴 수 있었고, 결국 국가 권력을 되찾았습니다. 그 당시 상황은 봉기를 일으킨 민중을 어떠한 외국 세력도 도울 수 없는 상황이었습니다.

그러나 후에 체사레 보르자가 공격했을 때, 성난 민중들은 보르자 침략군에게 합세했으며, 한때 피난처였던 그 요새는 백작 부인에게 어떠한 도움도 주지 못했습니다.

따라서 당시나 이전이나 모두 요새에 의존하는 것보다도 신민에게 증오받지 않는 것이 백작 부인을 더욱 안전하게 보호했을 것입니다.

어쨌든 이 모든 사항을 염두에 둘 때, 저는 요새를 구축하는 군주이건 그렇지 않은 군주이건 모두에게 찬사를 보내고 싶지만, 요새를 너무 믿고 신민의 증오를 사는 문제에 대해 경시하는 군주는 비난받아 마땅하다는 생각입니다.

제21장

군주는 자기 명성과 명예를 드높이기 위해 어떻게 처신해야 하는가

위대한 군사적 업적을 달성하고 비견할 수 없는 비범한 행동을 보여주는 것만큼 군주에게 위대한 평판과 명성을 가져다주는 것은 없습니다.

우리 시대의 탁월한 사례로는 스페인의 현 국왕 아라곤 가문의 페르난도Ferrando를 들 수 있습니다. 페르난도 국왕은 거의 신생군주라고 불러도 무방한 군주입니다. 왜냐하면 그는 약소국 군주로 출발하여 기독교 세계에서 가장 저명하고 영예를 안은 국왕이되었기 때문입니다. 그의 업적을 검토해 보면, 모든 업적이 매우 주목할 만한 것이었고, 비교하기 어려울 정도로 비범한 것들입니다.

페르난도 국왕은 통치 초기에 그라나다를 공격했으며, 이 정복 전쟁을 통해 자신이 세우고자 하는 국가의 토대를 구축했습니다.

페르난도 국왕은 무엇보다도 이 정복 전쟁에 대해 아무것도 모르는 상태에서 아무런 방해도 받지 않은 상황에서 시작했습니다. 페르난도 국왕은 카스티야의 제후들이 모든 정신을 전쟁에 전념하도록 했고, 그 결과 카스티야 제후들은 어떠한 반란도 모의할 수 없었습니다. 그 사이 페르난도 국왕은 명성을 쌓으면서 서서히 눈치채지 않게 카스티야 제후들에 대한 지배를 공고히 해가고 있었습니다. 페르난도 국왕은 교회와 신민들로부터 모은 자금으로 군대를 유지할 수 있었고, 그 기나긴 전쟁을 통해 강력한 군대를 양성했습니다.

더 나아가 페르난도 국왕은 더욱 위대한 전쟁을 수행하고자 계속해서 가톨릭을 이용하였는데, 경건함을 내세운 잔인한 노선을 통해 자기 왕국에서 마라노marano[10]를 색출하여 처형하거나 추방하였습니다. 이는 그동안 자기 왕국에서는 볼 수 없었던 유례없이 참혹한 대응이었습니다. 페르난도 국왕은 같은 명분을 내세워 아프리카를 침략했고, 이탈리아에도 진군했으며, 최근에는 프랑스까지 공격했습니다.

페르난도 국왕은 항상 위대한 사업들을 계획하고 실행했는데, 이에 따라 페르난도 국왕의 신민들은 항상 사태 추이를 주목하면서 페르난도 국왕을 향한 긴장감과 경이로움을 나타냈습니다. 페

---

10) 마라노marano는 에스파니아어로 '돼지들'을 의미하는데, 그라나다가 스페인에 정복된 뒤 이곳에 있던 이슬람교도들이 강제로 가톨릭교도로 전향한 유대인과 이슬람교도들을 지칭할 때 사용했다. 이들은 1501~1502년 사이 에스파니아에서 축출되었다.

르난도 국왕의 이러한 계획과 행동은 끊임없이 지속되었기에 누구도 페르난도 국왕에게 반란을 시도할 만한 시간적인 여유조차 가질 수 없었습니다.

또한 군주가 자기 왕국 내에서도 매우 비범한 모범적인 태도를 취하는 것은 매우 유익합니다. 마치 밀라노의 군주였던 베르나보 공작[11]이 그랬던 것처럼, 군주는 누군가가 좋은 일에서건 나쁜 행위에서건 정치적으로나 사회적으로 비상한 업적을 성취하면 그 사람이 사람들에게 회자될 수 있도록 상을 주거나 처벌해야 합니다. 그리고 무엇보다 먼저 군주가 자기 모든 행동을 통해서 비범한 재능을 가진 위대한 인물이라는 명성을 얻도록 노력해야 합니다.

군주는 자기 입장이 상대국의 진정한 동맹자인지 공공연한 반대자인지를 명확히 포용하면, 다시 말해 군주가 주저하지 않고 다른 한편에 반대하여 어느 한편을 지지하게 되면 사람들에게 매우 존경받게 됩니다.

이러한 태도 표명의 결정은 군주가 중립적인 입장에 갇혀있는 것보다 훨씬 유리합니다. 만약 자기 국가에 인접한 두 강대국이 전쟁하게 되면, 궁극적으로 둘 중 하나는 승리하게 될 것인데 그때 당신은 승자를 두려워하게 되거나 그렇지 않은 상황 중 하나가 될 것입니다.

---

11) 1355년 밀라노를 통치했던 베르나도 비스콘티Bernabo Visconti 공작을 지칭하며, 그는 포악했지만 공정하게 공사를 처리했던 인물이었다.

어느 경우에나 자기 태도를 밝히면서 당당하게 전쟁에 개입하는 것이 항상 더 현명하고 유익하게 됩니다. 만약 승자를 두려워해야 하는, 첫 번째 경우에 당신이 자기 처지를 밝히지 않으면, 승자가 누가 되든 상관없이 당신을 승자의 희생물이 되어 파멸될 수 있기 때문입니다. 이 경우 패자에게도 만족하고 기쁜 일이 될 것입니다. 이러한 상황은 당신은 부당한 피해를 당할 수도 있으며, 당신을 보호하거나 피난처를 제공할 지원군을 확보하기 어렵게 됩니다. 이는 승자의 측면에서 보면 전쟁의 어려운 상황에서 자신을 돕지 않았던 불신의 대상인 당신에게 동맹과 같은 관계를 맺을 리가 없기 때문입니다. 또한 패자의 처지에서도 당신이 패배한 국가에 군사적 지원을 하지 않음으로써 공동 운명의 위험을 감수하지 않았기에 당신에게 피난처를 제공하거나 여하함의 호의를 베풀지 않을 것이기 때문입니다.

고대 로마 시대에 안티오코스가 아이톨리아인의 요청에 따라 그리스에서 로마인을 몰아내기 위해 그리스로 침입한 적이 있었습니다. 안티오코스는 로마의 우방이었던 아카이아인에게 사절을 보내 중립 유지를 제의했습니다. 반면 로마인은 아카이아인에게 로마를 위해 함께 무기를 들고 싸울 것을 권유했습니다.

결국 아카이아인은 평의회에서 이 문제를 다루게 되었는데, 안티오코스의 사절은 아카이아인의 중립 유지를 설득하고자 연설하였습니다. 이에 로마의 사절은 다음과 같이 대답하였습니다. "안티오코스가 당신들에게 이 전쟁에 개입하지 않는 것이 좋다는 제안에 대해서, 우리 로마인은 전쟁 중립은 그 어떤 것보다 귀국의 국익에 반하는 일이라고 감히 이야기하고 싶습니다. 단순히 전쟁에 개입하지 않는 것만으로는, 그 어떤 호의나 명예도 얻지 못한 채 귀국은 승전국의 제물이 되고 말 것입니다."

당신의 우방이 아닌 군주와 국가는 당신이 항상 중립 유지를 원하지만, 당신의 우방인 군주와 국가는 당신이 항상 무기를 들고 지원하기를 원합니다. 대부분의 우유부단한 군주는 현재 직면할 위험을 피하려고 중립 유지를 원하지만, 이는 빈번히 국가 파멸의 원인이 됩니다.

그런데 당신이 강력하게 지원한 편(국가)이 승리했다고 가정해 보겠습니다. 비록 지원받은 국가가 강력해졌고 당신은 그 국가의 처분에 운명을 맡기게 되지만, 그 국가는 당신에게 많은 신세를 지게 되었으며, 두 국가 사이에는 우호 관계가 성립하게 됩니다. 그러한 상황에서 결코 그토록 배은망덕하게 당신을 공격할 만큼 파렴치한 인간은 없을 것입니다. 게다가 승전국이 제멋대로 행동해도 무방할 정도, 특히 정의롭게 행동하지 않아도 무방할 정도의 그런 결정적인 승리는 존재하지 않습니다.

그러나 당신이 도운 국가가 설사 패배한 경우라도 그 국가는 당신을 보호하려고 할 것이며, 당신에게 감사를 표할 것이고, 가급적이면 당신을 돕고자 할 것입니다. 그리하여 당신이 다시 일어설 수 있도록 할 수 있는 포르투나의 동반자가 될 것입니다.

전쟁의 당사국인 두 국가 중 누가 이겨도 당신에게 위협이 될 수 없는 두 번째 상황도 여전히 전쟁에 개입하는 것이 훨씬 더 현명한 정책이 됩니다. 왜냐하면 당신은 한 국가의 도움을 받아 다른 한 국가를 몰락시키는 셈이 되기 때문입니다. 그런데 만약 한쪽의 군주가 현명했더라면, 전쟁에 패배한 국가의 군주를 몰락하도록 방치하지 말아야 합니다. 당신의 도움으로 승리했기에, 당신의 도움을 받은 국가는 당신의 처분에 따르게 될 것입니다.

여기에서 군주는, 이미 앞서 말한 대로, 어떤 불가피한 상황에 의해 강요당하지 않는 한, 다른 국가를 공격하기 위해서 자기보다 더 강력한 군주와 동맹을 맺어서는 안 된다는 점을 명심해야 합니다. 만약 당신이 그 강력한 군주와 함께 전쟁에서 승리를 거두게 된다면, 당신은 그 강력한 군주의 포로가 될 수 있습니다. 군주는 적어도 다른 국가나 군주의 처분에 의해 좌지우지되는 사태를 피하기 위해 최선을 다할 필요가 있습니다.

베네치아인은 밀라노 공작을 공격하려고 프랑스와 동맹을 맺었습니다. 베네치아인은 자신들을 몰락시킨 이 동맹을 피할 수도 있었습니다. 그러나 교황과 스페인 왕이 연합하여 롬바르디아를 공격했을 때(1499년) 피렌체에 닥쳤던 상황처럼 동맹 선택이 피할 수 없는 것이었다면, 군주는 앞서 이야기한 이유로 인해 동맹에 반드시 참여해야 합니다.

어떤 국가도 항상 안전한 선택을 따르는 것이 가능하다고 믿어서는 안 됩니다. 오히려 그 안전한 선택이 혹시 위험할 수도 있고 모호한 선택이 될 수 있다고 의심할 필요가 있습니다. 세상사의 이치는 하나의 위험(불편함)을 피하려고 하면, 다른 위험(불편함)에 직면할 수 있다는 사실을 명심해야 합니다. 그러므로 실천적인 이성이란 다양한 위험을 파악하여 평가할 줄 알아야 하며, 그 중 적절한 대안이 최악의 결과를 가져오지 않을 방안을 선택하는 것입니다.

또한 군주는 비르투를 갖춘 인재를 우대하고 특정 기술(기예) 분야에서 뛰어난 인재를 환영함으로써, 스스로가 비르투를 아낀다는 사실을 보여주어야 합니다.

그뿐만 아니라 군주는 인민이 안심하고 상업, 농업 및 다른 어떤 분야에서건 그들이 추구하는 바를 일상적으로 평화롭게 종사할 수 있도록 권장해 주어야 합니다. 누구라도 자기 재산을 빼앗길까 두려워 자기 재산을 늘리는 데 주저하거나 두려워하지 않도록 해야 하며, 부과될 세금이 무서워 새로운 사업이나 일을 시작하는데 망설임이 없도록 해야 할 것입니다.

오히려 군주는 그런 새로운 사업이나 일을 하고자 하는 사람들과 어떤 방식을 통해서든 자기 도시와 국가를 부강하게 만들려고 하는 이들에게 보상할 준비를 해야 합니다.

그 외에도 일 년 중 적절한 시기에 축제나 구경거리를 만듦으로써 사람들이 즐길 수 있게 해야 합니다. 그리고 모든 도시가 길드나 가족 집단으로 나누어져 있어서, 군주는 이들 집단에 적절한 호의를 베풀 기회를 만들어야 하며, 때때로 이들 집단을 직접 만나서 군주의 친절함과 인간적인 호의를 보여주어야 할 것입니다. 그러나 이러한 경우에도 군주다운 위엄이나 권위가 절대로 훼손되지

않도록 군주 자신이 위엄을 지키고 권위를 유지하기 위해 최선을
다해야 합니다.

제22장

군주의 측근 신하들(각료들)에 대하여

신하를 신임하는 일은 군주에게는 매우 중대한 문제입니다. 신하들이 훌륭한 인물인가 아닌가는 군주의 신중함과 지혜에 달려 있습니다.

한 군주의 지적 능력을 알기 위해서는 무엇보다 먼저 군주 주변의 인물들을 살펴보는 것이 필요합니다. 만약 군주 주변 인물들이 유능하고 충성스럽다면, 군주는 현명하다고 인정할 수 있습니다. 이는 군주가 주변 신하들과 인물들의 능력을 파악하고 충성심을 유지할 수 있는 능력이 있다고 판단되기 때문입니다. 만약 주변 신하들과 인물들이 보통의 인간들이며 충성스럽지 않은 것으로 판단되면 군주에 대한 평가는 매우 낮아지게 될 것입니다. 왜냐하면 군주가 이러한 인물들을 선택했다는 것 자체가 첫 번째 잘못이자 실수이기 때문입니다.

시에나의 판돌포 페트루치Pandolfo Petrucci 군주의 신하인 안토니오 다 베나프로의Antonio da Venafro를 아는 사람이라면 판돌포가 다 베나프로를 신하로 삼고 있다는 사실 자체만으로 테트루치 군주가 매우 유능한 인물이라고 평가할 것입니다.

이는 다음과 같은 이유입니다. 인간의 두뇌는 세 가지 유형으로 분류될 수 있습니다. 첫째 유형은 사물의 이치를 스스로 터득하는 것이며, 둘째 유형은 타인이 그 이치를 설명했을 때 깨닫는 것이고, 셋째 유형은 어떤 방법으로도 사물의 이치를 이해하지 못하는 유형입니다. 첫째 유형이 가장 탁월하며, 둘째 유형은 뛰어나고, 셋째는 무용지물입니다. 따라서 테트루치 군주가 첫째 유형에 해당하지 않는다 하더라도, 분명 둘째 유형에는 해당하는 군주라고 볼 수 있습니다.

왜냐하면 만약 군주가, 비록 군주 자신이 창의적인 능력과 생각이 부족하더라도, 항상 타인의 말과 행동 속에 담긴 선악 가치 구별이 가능한 판단력을 보여준다면, 군주는 여전히 신하의 선행과 악행을 분별할 수 있을 것이며, 선행에 대해서는 보상으로 악행에 대해서는 처벌을 내릴 수 있기 때문입니다. 게다가 신하는 자신이 군주를 속일 수 없다는 점을 잘 알고 있기 때문에 자기 행동거지를 잘하려고 노력하게 될 것입니다.

그런데 군주가 신하 한 명의 인격과 품성을 평가하는 데에는 아주 확실한 방법이 있습니다. 만약 그 신하가 군주의 일보다 자기 사적인 일에 마음을 더 집중하고 그 신하의 모든 행동이 자기 사익 추구를 위한 의도된 행동이라는 사실이 밝혀지면, 그러한 신하는 결코 좋은 신하가 될 수 없으며, 당신 역시 결코 그를 신뢰할 수 없을 것입니다.

한 국가의 통치와 행정을 위임받은 사람은 절대로 자신의 자신의 사적인 일에 전념해서는 안 되며, 항상 군주와 국가를 위해 집중해야 하고 군주의 공적인 일에 관심을 합니다. 이에 반해 군주는 신하의 충성심 확보를 위해 그러한 신하를 우대하고, 그에게 부와 명예를 누리게 하며, 그를 가까이 두고 관직과 권한을 부여하는 등 그를 잘 돌보아야 할 것입니다. 다시 말해 군주는 신하가 자신이 오직 군주에게만 의존해야 한다는 사실을 인식하게 하며, 이미 획득한 명예와 부를 소유하게 함으로써 더 많은 명예와 부를 원하지 않도록 해야 합니다. 또한 신하 자신이 맡은 책무와 관직들을 잃을까 염려하게 함으로써 정치권력 변동을 원하지 않도록 만들 필요가 있습니다.

만약 신하와 군주가 그러한 관계를 유지한다면, 그들은 서로를 계속 신뢰할 수 있는 관계가 될 것입니다. 반대로 그들이 그렇지 않다면 군주와 신하 모두에게 불행한 결과를 초래할 수밖에 없습니다.

제23장

아첨꾼을 어떻게 피할 것인가

여기서 저는 군주에게 필요한 주제 하나와 군주가 사려 깊지 않거나 혹은 주변 인물을 잘못 선택함으로써 자신을 방어하는 데 어려움을 겪게 되는 잘못에 대해 반드시 짚고 넘어가려고 합니다.

그러한 잘못이란 궁정을 꽉 채우고 있는 아첨꾼들이 야기하는 위험과 관련되어 있습니다. 인간이란 지나치게 자기 자신과 자기 행동에 만족하기 쉽고, 자기기만에 쉽게 빠져들기 때문에, 아첨이라는 질병으로부터 자신을 보호하기는 매우 어렵습니다.

당신 자신을 아첨으로부터 보호하는 유일한 방법은 진실을 듣더라도 당신이 결코 화를 내지 않는다는 사실을 널리 알리는 것입니다. 그러나 아무나 당신에게 진실을 고할 수 있게 되면, 당신에 대한 존경심은 순식간에 사라지게 될 것입니다.

따라서 현명한 군주는 제3의 방법을 찾아서 이를 수행해야 하는데, 자기 국가에서 사려 깊고 지혜로운 사람들을 찾아 선임하여 이들에게만 진실을 말할 수 있도록 허용하고, 다만 오직 군주가 허락하거나 요구한 사안에 대해서만 진실을 고하는 것을 허용하고, 다른 경우나 사안에 대해서는 허용해서는 안됩니다. 그러나 군주는 이들에게 모든 사안에 관해 묻고, 그들의 의견을 주의 깊게 귀 기울이고 청취한 다음에, 군주 자신의 방식에 의해 현명하고 지혜로운 결정을 내려야 합니다.

나아가서 군주는 그의 조언자들의 말이 솔직하면 할수록 더욱더 그들의 말이 잘 받아들여진다고 믿게끔 처신해야 합니다. 군주는 자신이 선택한 사람을 제외하고는 다른 누구의 말에도 귀를 기울여서도 안 되며, 그들의 조언에 따라 결정된 사안에 대해서는 확고하게 추구해야 하며, 최종 결정에 대해 동요해서는 안 됩니다.

이와 다르게 행동하는 군주는 아부꾼들에 둘러싸여 몰락하거나 아니면 변덕스러운 의견들에 좌지우지되어 자주 견해를 바꾸게 됩니다. 그 결과 군주의 명예와 명성이 떨어지게 됩니다. 그에게 주어지는 상반된 조언 때문에 결정을 자주 바꾸게 됩니다. 그 결과 그는 존경받지 못하게 됩니다.

저는 이에 관한 최근 사례 하나를 소개하고자 합니다. 현 황제 막시밀리안 1세의 신하 루카Luca 주교는 막시밀리안 황제에 대해 이야기하면서, 황제가 누구와도 무언가를 상의하지 않지만 그렇다고 자신이 원하는 대로 행동하지도 않는다고 이야기한 적이 있습니다.

막시밀리안 황제의 이런 행동은 제가 앞서 말한 바와 정반대의 방식으로, 황제의 고집스런 행동으로부터 비롯된 것입니다. 막시밀리안 1세는 비밀스러운 인물로, 누구에게도 자신이 어떤 계획을 세우고 있는지 알려주지 않을 뿐만 아니라 조언을 구하지도 않습니다. 그러나 일단 황제가 자기 계획을 실천에 옮기게 되면 계획이 알려지고, 황제 주변에 있는 사람들은 반대하는 의견을 내놓고 계획을 반대하기 시작합니다. 그런데 황제의 성격이 우유부단하기에 자신이 수립하고 실행하고자 하는 계획을 포기하게 됩니다. 바로 이러한 이유로 어느 날 갑자기 황제 자신이 내린 명령이 다음 날 취소되기도 합니다. 이는 황제가 원하거나 하고자 하는 바가 무엇인지 그 누구도 알지 못하게 되며, 결국 아무도 황제의 결정을 신뢰하지 않게 되는 것입니다.

그러므로 군주는 항상 조언에 귀 기울여야 하지만, 타인이 원할 때가 아니라, 군주 자신이 원할 때 조언을 수용해야 합니다. 이에 반해 군주가 조언이나 충고를 요청하지 않았는데도 누군가 조언을 하려고 하면, 이를 저지해야 합니다. 그렇지만 군주는 광범위하게 지식과 정보를 구하는 이여야 하며, 군주 자신이 제기한 사안에 대해 솔직한 의견과 견해를 인내심 있게 경청하는 자세를 가지고 있어야 합니다. 반면에 누군가 어떤 이유에서건 진실에 대해 침묵한다는 사실을 알게 되면, 군주는 그에 대해 분명한 노여움을 표해야 합니다.

많은 사람은 군주의 현명함에 대해 다음과 같이 말합니다. 군주가 현명하다는 명성을 듣게 되는 것은 군주의 자질이 아니라 단지 군주 주변의 사람들이 훌륭한 조언을 하기 때문이라고 말합니다. 그러나 이는 분명히 잘못된 견해라고 저는 생각합니다.

왜냐하면 현명하지 못한 군주가 훌륭한 조언을 받지 못할 것이라는 점은 명약관화해서 하나의 보편적인 법칙이라 할 수 있기 때문입니다. 혹 그렇지 않은 예외가 있다면 모든 일을 매우 신중하게 처리하는 조언자가 있어서 군주가 자기 결정을 전적으로 맡기는 경우입니다. 이 경우 군주는 확실히 적절한 조언을 받기는 하겠지만, 군주의 권력은 오래 지속되지 못할 것입니다. 왜냐하면 조언자는 쉽게 군주의 권력과 국가를 빼앗을 수 있기 때문입니다.

그런데 현명하지 못한 군주가 여러 사람에게 조언을 받게 되면, 군주는 항상 서로 다른 조언들 속에서 어느 것을 취하고 어떻게 조정해야 할지 모르기에 다른 방법을 찾아낼 수 없을 것입니다. 왜냐하면 군주 주변의 그러한 조언자들은 모두 항상 자신들의 이해관계를 우선시하여 조언할 것이기 때문입니다. 군주는 이러한 상황을 이해하지도 못할 것이고, 바로잡을 수도 없을 것입니다. 인간이란 어떤 불가피성에 의해 선한 행동을 강요받지 않는 한 당신에게 악행을 저지르는 존재이기에 언제나 불행한 결과로 나타납니다.

따라서 좋은 조언이란, 어느 누가 하든 상관없이, 근본적으로 군주의 실천적인 이성으로부터 나오는 것이지 적절한 조언으로부터 군주의 현명함이 발생하는 것은 아니라고 결론지을 수 있을 것입니다.

제24장

어떻게 해서 이탈리아의 군주들은 나라를 잃게 되었는가

상기 언급한 사항들을 신중하게 준수하게 된다면, 마치 신생 군주가 오래전부터 권력을 확고히 구축한 세습 군주처럼 보일 것입니다. 신생 군주는 좀 더 신속하게 자기 통치 국가에서 안정적이고 견고한 권력과 위상을 구축하게 될 것입니다.

신생 군주의 활동은 세습 군주의 활동보다 훨씬 더 많은 주목을 받게 됩니다. 만약 신생 군주의 활동이 비르투로 가득 찬 사람의 활동이라고 생각되면, 많은 이들은 오랜 전통의 유구한 혈통을 가진 군주보다 훨씬 더 깊은 감명을 받고 신생 군주에게 훨씬 큰 애정과 존경을 나타낼 것입니다.

왜냐하면 인간은 과거의 일보다는 현재의 일에 훨씬 더 관심이 많고, 만약 그들이 현재 자신들의 일이 잘 진행된다고 생각하면 그들은 현재에 매우 만족하고 변화를 추구하지 않을 것이기 때문입니다. 사실 그들은 신생 군주가 다른 면에서 부족함이나 잘못을 범하지 않는 한, 신생 군주를 지켜주기 위하여 가능한 모든 일을 하려 할 것입니다.

이렇게 된다면 신생 군주는 이중의 영광을 누리게 될 것입니다. 그것은 첫째 새로운 군주국을 세우게 되는 영광이고, 둘째 훌륭한 법과 강력한 군대 그리고 모범적인 행동을 통해 신생 군주국을 잘 조직화하고 통치를 강화하는 영광을 함께 누리기 때문입니다. 그러나 국가를 물려받았음에도 현명하지 못해 국가를 잃게 된 군주는 오히려 이중의 수모를 겪게 됩니다.

나폴리 프레데리코 1세, 밀라노의 루도비코 스포르차 공작 등과 같이 근래 권력을 잃은 이탈리아의 군주들을 살펴보면 다음과 같은 공통적인 사실을 발견할 수 있습니다. 첫째, 이들 모두는 군사적으로 매우 취약했다는 사실을 발견하게 됩니다. 둘째, 이들 국가 중 일부에서는 신민들이 자국의 군주에게 적대적인 세력으로 변모했으며, 비록 일부의 신민들이 우호적이었지만 유력한 귀족 가문들로부터 군주를 보호하는 방법을 몰랐다는 사실입니다.

왜냐하면 만약 이러한 결함들이 없었다면, 야전에서 군대를 유지할 능력을 갖춘 군주가 자기 국가를 잃는 일은 일어나지 않기 때문입니다.

마케도니아의 필리포 왕(알렉산더 대왕의 아버지가 아니라 티투스 퀸크투스에게 패배한 필리포 왕을 지칭)은 그를 공격한 로마와 그리스의 국력에 비해 권력과 영토의 크기 등에서 비교할 수 없을 만큼 작았습니다.

그러나 필리포 왕은 진정한 전사였으며, 신민에게 지지를 얻고 귀족들로부터 자신을 지키는 방법을 알고 있었기 때문에 로마와 그리스에 대항하여 오랫동안 전쟁을 수행할 수 있었습니다. 결국 자신이 다스리던 몇몇 도시들을 잃기는 했지만, 필리포 왕은 여전히 자기 왕국을 유지할 수 있었습니다.

따라서 자신들이 오랫동안 다스리던 국가들을 잃게 된 우리 시대의 군주들은 포르투나를 탓할 것이 아니라 자기 무능함을 탓해야 할 것입니다. 모든 인간에게 나타나는 공통된 약점의 하나가 평온한 날씨였을 때 날씨의 변화무쌍함, 즉 폭풍을 예상하지 못한다는 사실이라는 점을 비추어 본다면, 평화의 시대에서 불안정한 사태로 갑자기 변할 수도 있다는 점을 절대 생각하지 않기 때문입니다. 그러다가 상황이 바뀌어 역경에 처하게 되면, 이들 군주는 국가를 지킬 생각은 하지 않고 오직 도망갈 궁리만 했습니다. 그런 상황에서도 이들 군주는 정복자의 오만무례한 횡포에 분노한 신민들이 자신을 다시 불러주어 정복자로부터 권력을 되찾아 줄 것이라는 막연한 희망을 가졌을 뿐입니다.

이러한 선택은 다른 모든 기회와 선택지가 불가능할 때는 실현 가능성이 있지만, 다른 해결책들을 등한시하고 단순히 이러한 선택에 기대는 것은 가당치 않습니다. 인간은 누군가가 자신을 일으켜 세워줄 것이라고 기대하고 넘어져서는 안 될 것이기 때문입니다.

그러한 일이 발생하지도 않겠지만, 설사 그러한 상황이 일어나더라도 그러한 선택이 당신의 안전을 보장해 주지 못합니다. 게다가 이러한 방어 전략은 당신의 능력에 통제할 수 있는 것이 아니라는 점에서 매우 취약하고 비겁한 일입니다. 바람직하고 확실하며 지속 가능한 유일한 방어 전략은 당신 자신과 당신의 비르투에 있는 것이지 그 어떤 다른 것이 될 수 없습니다.

제25장

포르투나는 인간사에 얼마나 많은 힘을 행사하고, 인간은 어떻게 포르투나에 저항하는가?

세상사가 포르투나와 신에 의해 좌우되는 방식으로 다스려짐으로써 인간이 아무리 신중하다고 해도 이를 통제할 수 없으며, 이를 바로잡을 수도 없다는 생각을 많은 사람이 해왔다는 사실을 저는 잘 알고 있습니다. 그렇기에 인간이 세상사에 부단히 노력한다고 한들 소용이 없으며, 그저 운명이 자신을 지배하도록 내버려 두는 것이 더 낫다고 판단할 수도 있습니다.

이와 같은 견해는 그동안 우리가 경험했으며, 현재도 매일 발생한다는 것을 알고 있기에 인간의 예측 능력을 초월하는 변화무쌍함으로 인해 우리 시대에서는 더욱 설득력 있는 의견으로 자리하고 있습니다. 저 역시 이 문제에 대해서는 어느 정도 이러한 견해에 공감하고 있습니다.

그럼에도 불구하고 인간의 자유의지를 완전히 소멸시키지 않도록 운명의 여신Fortuna은 우리 행동의 반 정도만 운명의 여신이 관장하며, 나머지 반 정도는 우리 자신의 의지와 행동으로 통제하도록 허용되고 있다는 것이 진실이라고 저는 판단합니다.

저는 운명의 여신Fortuna을 물결과 풍랑이 매우 강한 험난한 강에 비유하곤 합니다. 이 험난한 강은 노하면 평야를 덮치고, 나무와 집을 파괴하며, 이쪽 땅을 들어 저쪽으로 옮겨놓기도 합니다. 모든 사람이 그 격류 앞에서는 도망가며, 어떤 방법으로도 손쓰지 못한 채 강에 굴복하고 맙니다.

그렇다고 해서 평온한 시기에 인간들이 수로와 제방이나 둑을 쌓아 홍수가 발생했을 때, 불어난 강물이 논밭으로 흘러들어 피해가 발생하지 못하게 예방조치를 취하거나 대비할 수 없다는 것은 아닙니다.

운명의 여신도 이러한 상황과 유사합니다. 운명의 여신은 자신에게 대항할 비르투가 준비되어 있지 않은 곳에서 자기 힘을 떨치게 됩니다. 다시 말해 자신을 제지하기 위한 제방과 수로 등이 준비되어 있지 않은 곳을 인지하고 그곳으로 자기 힘을 돌리는 것입니다.

그리고 만약 당신이 이러한 격변의 근원지이자 무대인 이탈리아를 살펴본다면, 이탈리아라는 나라가 바로 제방이나 둑이 없는 들판이라는 사실을 알 수 있습니다. 만일 이탈리아가 독일, 스페인, 프랑스처럼 적절한 비르투에 의해 제방과 둑을 쌓았더라면, 홍수가 나도 피해가 심하지도 않았을 것이며 그리 커다란 격변을 초래하지 않았을 것입니다. 아니 어쩌면 홍수가 발생하지도 않았을 것입니다.

대체로 이 정도면 제가 일반적인 차원에서 운명의 여신Fortuna이 대처하는 문제에 관해 충분히 설명하고 있다고 생각합니다.

그런데 이 문제에 관해 좀 더 구체적으로 살펴본다면, 저는 다음과 같이 말하고 싶습니다. 어떤 군주가 시대의 흐름을 따라가지 못하고 성격이나 능력을 전혀 변화시키지 못하면, 오늘은 흥할 수 있지만 내일은 망하는 모습을 보게 됩니다.

이러한 사태가 발생하게 되는 것은 앞서(제7장) 논의한 바 있는 바와 같이, 전적으로 포르투나에만 의존하는 군주는 그 포르투나가 변함에 따라 몰락한다는 사실에 기인하는 것이라고 저는 믿습니다.

또한 저는 군주의 대처방식이 시대와 상황에 적절하게 대응하게 되면 성공하고, 그렇지 못하다면 실패하게 된다고 믿습니다.

왜냐하면 인간은 자신이 추구하는 목표, 곧 영광과 부에 대해서 각기 매우 다른 방식으로 접근하여 목표를 달성하고자 합니다. 어떤 사람은 신중하게, 다른 사람은 때론 과감하게, 어떤 사람은 난폭하게, 또 다른 사람은 교활하게, 어떤 이는 참을성 있게, 다른 이는 그 반대로 행동하게 됩니다. 이렇게 각각 다른 방식으로 행동하는 것이 매우 효과적일 수 있습니다.

이에 반해 모두 신중한 두 사람이 있다고 해도, 한 사람은 자기 목표를 달성하고 다른 한 사람은 목표 달성에 실패하기도 합니다.

또한 서로 다른 행동 방식을 가진 두 사람 중 한 사람은 신중하게, 다른 한 사람은 과감하게 행동하였음에도 이들 모두 목표 달성에 성공하기도 합니다. 결과적으로 제가 말한 것처럼, 다르게 행동하는 두 사람이 동일한 결과를 성취할 수 있습니다.

이처럼 상이한 결과가 발생하는 것은 그들의 행동양식이 그들이 처한 시대의 상황에 부합하는지 아닌지에서 찾을 수 있습니다. 어떤 사람이 신중하고 참을성 있게 행동하고 시대와 상황이 그의 처신에 적합한 방향으로 변화하면, 그는 성공할 것입니다. 그러나 시대와 상황이 변함에도 자기 행동 방식을 변화시키지 않는다면 실패할 것입니다.

그리고 이런 시대 변화에 맞추어 매우 유연하게 행동하는 방법을 알 수 있을 만큼 지혜로운 사람이 많은 것은 아닙니다. 이는 우리의 타고난 성향이 그러한 변화에 익숙하지 않거나, 아니면 그동안 일정한 방법으로 행동함으로써 항상 성공을 거두었기에 그러한 방식을 변화시키는 것이 좋은 선택이라고 생각하지 않기 때문입니다.

따라서 신중한 사람이 적극적으로 행동해야 하는 상황에 처하게 되면, 그 사람은 어떻게 행동해야 할지 몰라 우왕좌왕할 것이고, 결국 그는 몰락하게 됩니다. 그러나 만약 그 사람이 시대와 상황에 맞게 자기 성향과 행동 방식을 변화시킬 수 있다면 포르투나가 바뀌는 일은 없을 것입니다.

교황 율리우스 2세는 모든 일을 항상 과감하게 처리했는데, 그의 일 처리 방식이 당대의 상황에 적절하게 맞았기 때문에 교황 율리우스 2세는 항상 성공할 수 있었습니다. 조반니 벤티볼리가 살아 있던 당시 교황 율리우스 2세가 볼로냐에 대해 감행했던 첫 번째 원정을 생각해봅시다.[12]

베네치아인은 교황의 볼로냐 침공 계획에 반대했고, 스페인 왕 역시 이 계획에 동의하지 않았습니다. 더구나 침공 전에도 율리우스 2세와 프랑스 간의 협상은 끝나지 않은 상황이었습니다. 그럼에도 교황 율리우스 2세는 특유의 단호함과 저돌성으로 친히 원정을 진두지휘했습니다.

이러한 교황 율리우스 2세의 진격으로 스페인 왕과 베네치아인은 아무런 대응도 하지 못하고 수동적인 방관자가 될 수밖에 없었습니다. 베네치아인은 교황이 두려워서, 스페인 왕은 나폴리 왕국 전체를 자기 지배하에 두고 싶은 욕망으로 인해 아무런 행동 없이 수수방관했던 것입니다. 한편 프랑스 왕은 교황 율리우스 2세에 이끌려 볼로냐로 진격하였습니다. 프랑스 왕은 베네치아를 굴복시키고자 했기에 교황과의 동맹 관계를 원했으며, 교황 율리우스 2세가 이미 침공 작전을 개시한 이상 공공연하게 병력 지원을 거부할 수 없다고 판단하였으며, 거부한다면 교황을 화나게 할 것이 분명했기에 교황과 함께 침공했습니다. 이런 신속한 진격과 이행을 통

---

[12] 교황 율리우스 2세가 볼로냐를 공격하여 벤티볼리오 가문을 몰아내고 볼로냐를 교황 직속 영토로 만든 1506년의 침공을 말한다.

해 율리우스 2세는 사려 깊었던 어떠한 다른 교황들도 불가능했던 업적을 달성할 수 있었습니다.

교황 율리우스 2세가 만약 다른 교황들이 그렇게 했던 것처럼, 모든 조건과 상황이 정리될 때까지 로마를 떠나지 않고 기다렸다면, 이러한 계획과 목표 달성은 결코 이루지 못했을 것입니다. 왜냐하면 프랑스 왕은 군대 파견 거절의 이유를 천 가지 이상의 핑계로 답했을 것이며, 다른 나라들은 교황 율리우스 2세에게 두려움을 느껴 신중하게 처신할 수밖에 없는 천 가지 이유를 내놓았을 것이기 때문입니다.

제가 여기서 교황 율리우스 2세의 이와 유사한 다른 행동을 자세히 논하지는 않겠지만, 교황 율리우스 2세의 모든 행동은 이와 비슷했으며, 그에게 좋은 결과를 가져다주었습니다. 교황 율리우스 2세의 재위 기간(1503년~1513년)이 짧았기 때문에 그는 계획의 실패라는 정반대의 상황을 경험하지 않았습니다. 그러나 만약 교황 율리우스 2세에게도 신중한 행동이 요구되는 시기와 상황이 도래했다면, 저돌적인 행동 방식에서 벗어나지 못함으로써 결국 몰락했을 것입니다.

따라서 저는 다음과 같이 결론을 내리고자 합니다. 포르투나는 가변적임에도 인간은 자신만의 방식을 고집하기 때문에, 인간의 처신 방법이 포르투나와 조화를 이루게 되면 행복하게 살 수 있지만, 그렇지 못하면 실패하여 불행하게 된다고 말씀드리겠습니다.

하지만 저는 신중한 것보다는 과감한 것이 훨씬 낫다고 생각합니다. 왜냐하면 운명의 여신은 여성이고, 만약 당신이 그 여성을 자기 의지대로 하고 싶다면 그녀를 제압하여 굴복시킬 필요가 있기 때문입니다. 운명의 여신은 냉정하고 냉담하게 행동하는 사람보다 과감하고 박력 있게 행동하는 남자에게 더욱 매력을 느낀다는 점은 명백합니다.

운명의 여신은 여성이기에 그녀는 항상 젊은 남자들에게 더욱 매력을 느낍니다. 왜냐하면 청년들은 지나치게 조심스럽기보다는 매우 활동적이며 대담하게 그녀를 다루기 때문입니다.

제26장

야만족의 지배로부터 이탈리아를 해방시키기 위한 호소

지금까지 앞서 논의한 모든 사안을 고려하면서 저는 다음과 같은 질문에 대해 생각해 보고자 합니다. 현재 이탈리아 상황이 새로운 군주에게 영광을 꽃피울 만큼 무르익었는지, 그리고 신중하면서 비르투를 갖춘 새로운 군주에게 영광을 가져다줄 기초적인 물적 토대(혹은 질료materia)가 갖추어진 상태인지, 또한 그러한 물적 토대(질료)로부터 구체적으로 형상을 빚어 모든 신민에게는 유익함을 가져다줄 기회가 확실하게 보장되어 있는지 라는 문제입니다. 제가 보기에, 새로운 군주 출현에 이렇게 많은 요소가 서로 결합하여 이처럼 우호적인 상황에 처했던 시기는 없었던 것처럼 보입니다.

제가 이미 언급했던 것처럼(제6장), 모세의 출중한 비르투를 보여주고자 이스라엘 민족은 이집트 왕국에 노예 상태로 예속되어야 있었으며, 키루스의 위대한 정신을 알 수 있도록 페르시아인은 메디아인에게 억압받아 살아야 했고, 캐세우스의 탁월함을 이해하기 위해 아테네인들은 지리멸렬한 상태로 흩어져 살아야 했습니다.

마찬가지로 어떤 탁월한 이탈리아의 정신이 갖는 비르투를 알리기 위해 이탈리아는 현재와 같은 절망적인 상황에 봉착해 있습니다. 이탈리아는 이스라엘보다 더 예속되어 있으며, 페르시아인들보다 더 억압받고 있고, 아테네보다 더 분열된 상태에서 유능한 지도자도 없고, 질서나 안정도 없으며, 짓밟히고, 약탈당하고, 갈기갈기 찢기고, 온갖 고통 속에서 완전히 황폐한 상황에 처해 있습니다.

그런데 최근 그런 이탈리아를 구원하기 위해 신에게서 선택받은 듯한 인물(내용상 체사레 보르자를 의미함)을 통해서 희미한 구원의 빛줄기가 비치기도 했습니다. 이탈리아인이 그렇게 생각했음에도 추후 이탈리아인이 보게 된 것은 그의 행동이 도달한 정점의 순간에 운명의 여신Fortuna으로부터 버림받았다는 사실입니다.

이렇게 된 이후 거의 활기를 잃은 이탈리아는 그동안 받은 오랜 상처를 치유하고, 롬바르디아에서 자행되는 약탈과 나폴리 왕국 및 토스카나 왕국에서 일어나는 수탈을 끝장내줄 그 누군가를 기다려 왔습니다. 그는 그토록 오랫동안 깊이 새겨진 이탈리아의 고통을 치유해 줄 수 있는 사람입니다.

지금 이탈리아가 신에게 외세의 잔혹하고 오만한 지배로부터 이날리아를 구원해 줄 수 있는 누군가를 보내달라고 얼마나 간절하게 기도하고 있는가를 한번 보시기 바랍니다. 만약 앞장서 깃발을 드는 자가 나타나기만 한다면, 이탈리아가 그 뒤를 따르고 행동할 만반의 준비가 되어 있는가를 살펴보십시오.

지금 이탈리아가 이러한 희망에 기댈 대상은 오직 영광스러운 전하의 가문(메디치 가문을 지칭)뿐입니다. 전하의 가문에 부여된 포르투나와 비르투, 신의 은총, 그리고 전하의 가문이 교황을 맡아 소임을 다하고 교회의 권력을 통해 전하께서 이탈리아 구원의 지도자(수장)가 되실 수 있습니다.

만약 전하께서 앞에서 언급한 여러 위인의 행적과 생애를 살펴보신다면, 그러한 과업이 그다지 어렵지 않다는 사실을 잘 알게 될 것입니다. 비록 그 위인들은 예외적이고 감탄할 만한 인물들이었지만, 그 위인들 역시 인간이었으며 그들 모두 현재처럼 다른 이들보다 더 유리한 기회를 가진 이들도 아니었습니다. 그 위인들의 과업이 현재 혹은 현 상황의 과업보다 더 정의로운 것도 아니었으며, 그렇다고 더 수월한 것도 아니었고, 신의 가호를 받아 더 은총을 받은 것도 아니었습니다.

여기 이를 의미하는 위대한 정의 구절이 있습니다. 《누군가 불가피하게 수행하는 전쟁은 정의로운 것이며, 무력에 의지하는 방법 이외에 다른 방도나 희망이 없을 때는 그러한 무력 또한 신성한 것입니다》.13)

---

13) 리비우스의 "로마사" 제9장에 나오는 구절로 마키아벨리가 다른 저서에서도 자주 인용하던 구절로도 유명하다.

이제 여기 전하께서 놓칠 수 없는 절호의 기회를 맞이하고 있습니다. 이렇게 좋은 기회의 순간에 제가 전하에게 여러 모범 사례로 제시한 여러 위인의 방식을 따르기만 한다면, 과업을 이루는데 커다란 위험은 없을 것입니다.

게다가 이러한 상황을 넘어 기존에 없었던 사례들, 다시 말해 신이 전하에게 보내는 영험한 징조들이 나타나고 있습니다. 바다가 갈라지고, 구름이 나아갈 길의 방향을 제시하며, 물이 바위에서 솟아 나오고, 하늘에서 만나manna(신이 인간에게 내리는 은혜롭고 축복된 음식을 일컬음)가 쏟아지는 등 모든 일들이 전하께서 성취할 미래의 위대함을 예시하고 있습니다.

그러나 신은 우리 자신의 의지에 따른 행동의 자유와 영광을 박탈하고자 하지 않으시려 하고, 모든 일을 관장하고 결정하지 않으려 하시기에 전하 역시 스스로 달성하고 이루어야 할 전하의 몫과 역할이 있습니다.

영광스러운 전하의 가문이 성취할 것으로 기대되는 과업이 앞서 언급한 위대한 이탈리아인 중 그 누구도 성취할 수 없었다고 해도 그리 놀랄 일은 아닙니다. 그동안 이탈리아에서 일어났던 모든 혁명과 전투에서 이탈리아인의 군사적 비르투가 소진되어 존재하지 않는 것처럼 보인다는 점 역시 크게 놀랄 일은 아닙니다. 이는 이탈리아 제도가 낡은 관습에 빠진 덕분이기도 하며, 또 다른 한편으로 누구도 새로운 군사제도와 전술을 어떻게 창안해야 할지 잘 몰랐기 때문입니다.

새로운 군주에게 혁신적인 새로운 법과 제도를 창안하는 것처럼 커다란 명예를 가져다주는 일은 없습니다. 그러한 제도들이 확고하게 준비되어 위업을 성취하는 데에 기여하게 되면, 군주는 존경과 칭송을 받습니다.

그리고 이탈리아에는 어떤 형상이라도 만들어 낼 수 있는 좋은 물적 토대가 너무나 풍부합니다. 이탈리아 곳곳에 탁월한 비르투를 가진 개개인들이 존재하지만, 지도자들은 이러한 비르투를 갖추고 있지 못합니다.

개인 간의 결투나 소수 사람들 간에 벌어지는 교전에서 보면 이탈리아인의 힘과 능력, 기술이 얼마나 탁월한지를 볼 수 있습니다. 그러나 군대라는 집단 형태를 갖추어 싸우는 일에서는 결코 두각을 나타내지 못합니다.

이 모든 원인은 지도자의 유약함에서 비롯된 것입니다. 무엇을 어떻게 해야 할지 잘 알고 있는 유능한 사람이 있다고 해도 그에게 복종하는 추종자는 없고, 모두 자신이 뛰어나다고 생각합니다. 이제까지 누구도 다른 지도자들보다 우월하게 보이고 능력을 인정받을 정도로 자신을 부각하는 데 성공할 만큼의 충분한 비르투와 포르투나를 갖춘 지도자는 없었습니다. 그 결과 오랫동안(1494년 이후 20년 가까운 기간 동안) 치러진 모든 전쟁에서 오직 이탈리아인 병사들로만 조직된 군대는 항상 부진을 면치 못했습니다. 최초의 타로강 전투(1495년)와 그 이후 알렉산드리아 전투(1499년), 카푸아 전투(1501년), 제노바 전투(1507년), 바일라 전투(1509년), 볼로냐 전투(1511년),

메스트리Mestri 전투(1513년) 등 모든 전투에서 이러한 판단이 옳았다는 사실을 알려줍니다.

만약 영광스러운 전하의 가문이 국가를 구한 위대한 인물들을 본받고자 한다면, 다른 무엇보다도 모든 군사행동의 건전한 토대로서 전하 자신에게 충성하는 주변 사람들로 조직한 군대를 만드는 일이 가장 시급한 일입니다. 왜냐하면 그런 군대보다 더 충성스럽고, 더 믿을 만하며, 더 훌륭한 군대를 조직할 수 없기 때문입니다. 개개의 병사들이 아무리 유능하고 용맹하다고 해도 군주에 의해 하나로 뭉쳐서 지휘받으면서 군주로부터 존중과 후대를 받으면, 훨씬 더 훌륭한 전투력을 발휘할 수 있는 군대가 될 것입니다.

따라서 외적으로부터 이탈리아를 보호하기 위해 비르투를 갖춘 이탈리아인으로 조직된 군대를 양성하는 일이 필요합니다.

비록 스위스와 스페인의 보병 부대가 훨씬 위협적이고 강하다는 평판을 받고 있지만, 두 국가의 보병 부대 역시 약점을 가지고 있기에, 이들 부대와는 다른 제3의 형태를 갖춘 보병 부대를 조직한다면 이들 두 국가의 부대를 충분히 대적할 수 있을 뿐만아니라 격파할 수 있다고 확신합니다.

이러한 판단의 근거는 두 가지입니다. 스페인 보병은 기병에 약하고, 스위스 보병은 자신들처럼 용감하게 맞서는 보병 부대를 전투에서 만나게 되면 두려움을 갖기 때문입니다. 따라서 우리는 스페인군이 프랑스 기병에게 굴복하고, 스위스 보병은 스페인 보병 부대에 패배할 것이라는 점을 이미 경험을 통해 보아왔으며, 이는 앞으로도 그럴 것입니다.

비록 스위스 군대의 약점에 관한 결정적인 증거가 충분하지는 않지만, 라벤나 전투에서 그러한 전조를 어느 정도 볼 수 있었습니다. 라벤나 전투에서 스위스군과 같은 전투 대형을 취하는 독일군과 스페인 부대가 싸우게 되었는데, 이 전투에서 소형 방패로 무장한 스페인 보병은 그들의 기민성을 활용하여 긴 창으로 무장한 독일군의 창 아랫부분을 공략하여 스페인 병사들에게 그리 큰 피해를 주지 않은 채 독일군 부대에 치명적인 타격을 입힐 수 있었습니다. 결국 독일군 부대는 스페인 보병을 격퇴할 수 없었고, 만약 독일군 기병대가 스페인 보병을 향해 공격하지 않았다면 독일군 부대는 모두 몰살당했을 것입니다.

일단 스페인과 스위스 보병의 약점을 파악하고 있기에, 기병 부대에 맞설 수 있으면서 그들 보병 부대에도 위축되지 않는 새로운 편재의 보병 부대를 조직할 수 있습니다. 이는 무기를 개량하고 적절히 전투 대형과 전술을 바꿈으로써 가능하게 될 것입니다. 이러한 조치와 대응을 통해 새로운 군제로 도입하게 되면 신군주에게 커다란 명성과 위대함을 가져다줄 것입니다.

이탈리아가 그토록 오랜 기간 동안 기다려 온 구원자를 만날 기회가 도래했기에 이 기회를 놓쳐서는 절대로 안 될 것입니다.

오랫동안 외세로부터 시달리고 고통받던 이탈리아 곳곳에서 사람들이 얼마나 구원자를 환영하고 사랑하게 될지 벅찬 감정이 몰려와 저는 형언할 수 없이 벅찬 기분입니다. 이탈리아 전역에서 얼마나 많은 이탈리아인이 애정의 감정뿐만이 아니라, 뼈저리게 복수할 수 있다는 열망을 가진 채, 강건한 믿음을 간직하면서, 그리고 얼마나 깊은 충성심과 환희의 눈물로 구세주를 맞이할 것입니다.

그 상황에서 어떤 문이 그의 앞을 가로막을 수 있겠습니까? 어떤 시기심이 위대한 그 구세주를 막아서겠습니까? 어느 이탈리아인이 그러한 위대한 구세주를 거절하겠습니까? 야만적인 외세의 폭정 악취가 이탈리아에 진동하고 있습니다.

이제 영광스러운 전하의 가문이 모든 정의로운 과업을 수행하는데 필요한 기백과 희망을 품고 이와 같은 절체절명의 사명을 떠맡아야 합니다. 그리하여 전하 가문의 휘장 아래서 우리의 조국은 숭고해질 것이며, 전하의 지도로 페트라르카의 다음과 같은 시구가 현실로 실현될 수 있을 것입니다.

비르투는 광포한 침략에 맞서

무기를 들 것이다.

전투는 길지 않을 것이니,

이는 고대 이탈리아의 용맹이 이탈리아인의 가슴 속에

아직 살아 있기 때문이다.

해설

제1장

마키아벨리의 삶과 정치 역정

1. 마키아벨리의 삶과 험난한 정치 역정

인류 역사가 시작된 이래 인간의 가장 커다란 중심적 사상논쟁에 대한 주제의 하나는 '국가'에 대한 것이라 할 수 있다. 물론 역사적으로 시대와 지역에 따라 형태적으로나 개념적으로 차이가 있었지만, 본질적으로 국가의 성립과 발전 속에서 그의 형성과 권력 유지 문제가 거의 모든 정치사상가의 중심 문제일 수밖에 없었음은 어쩌면 당연한 일이었다. 그런 이유로 역사의 진행에 따라 발전되어 온 '국가'에 대한 개념이 일정 부분 연속성을 유지하고 있었으며, 그것은 오늘이라는 시점에도 유효한 것이다.

그러나 역사적으로 정치학의 영역에서 국가를 이야기하고, 국가의 생성과 그 과정에서 등장하는 정치학의 거의 모든 하위 부문

마키아벨리 초상

에 대해 본격적으로 시작한 출발점은 마키아벨리였다. 그가 이야기했던 정치학은 이탈리아라는 공간에서 당대 이탈리아반도가 처한 정치 사회적 조건과 상황을 타개하고, 르네상스 이후 정체되었던 이탈리아에서 근대 국가의 발전과 새로운 권력을 추구하면서 등장한 것이었다. 그런 그가 정치학이라는 학문을 추상적인 수준에서 구체적인 수준으로 전환함과 전환함과 동시에 그 연구 대상을 철학적 당위의 영역에서 학문적 존재의 영역으로 바꾸었던 획기적인 동인은 바로 '국가' 개념이었다. 특히 마키아벨리에 의해 제기된 근대 국가 개념이야말로 근대 정치학의 새로운 장을 연 것으로 평가받고 있다.

그렇다면 마키아벨리가 본격적으로 논의했던 국가와 정치학은 어떤 방식과 과정을 걸쳐 마키아벨리에게서 나타난 것일까? 단순한 지적 호기심에서 시작된 것으로 보기에는 마키아벨리를 관통하는 삶 자체가 너무나 드라마틱하고 실천적이다. 정치가로서, 역사학자로서, 정치사상가로서 마키아벨리를 이해하기 위해서는 무엇보다 먼저 마키아벨리가 걸어왔던 인생의 모든 역정과 경험을 살펴볼 필요가 있다.

1469년 5월 3일 피렌체에서 법률가였던 베르나르도 디 니콜로 마키아벨리의 셋째 아들로 태어났다. 아버지인 베르나르도에 대해 자세하게 알려진 기록은 많지 않다. 다만 베르나르도가 피렌체의 오랜 두 개의 파벌 중 교황을 지지하는 궬피당에 소속되었기에 사보나롤라가 중심이 되었던 세력을 떨쳤던 공화정 시기에는 정치적으로나 경제적으로 궁핍한 삶을 살았다고 알려져 있다. 법률가였지만 고전과 다양한 서적을 섭렵했다고 알려진 아버지의 영향으로 마키아벨리는 일찍 라틴어 공부를 시작하게 된다.

그런데 마키아벨리의 수직적 삶의 궤적보다 더 중요한 것은 마키아벨리가 태어난 피렌체라는 도시의 역사적 배경과 마키아벨리가 관통했던 15세기와 16세기의 시대적 상황이다. 특히 마키아벨리 삶과 사상을 이해하기 위해서는 그가 살았던 15세기와 16세기 이전의 피렌체와 그 이후의 피렌체를 이해해야 한다. 성장의 거점이었던 피렌체뿐만 아니라 이 시기 마키아벨리에게 가장 큰 영향을 끼쳤고, 군주론 집필의 목적 대상이 되었던 두 개의 가문, 메디치와 보르자 가문에 대한 이해 역시 필수적이다.

정치적 공간이자 무대로서 피렌체를 현

산탄드레아에 있는 마키아벨리 생가

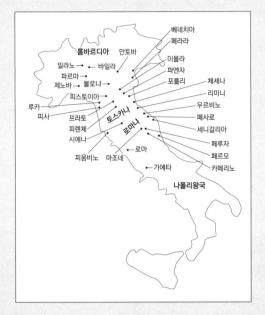

마키아벨리 시대의 이탈리아.
지도에 표시된 지명들은 모두
『군주론』 본문에서 언급되는
이탈리아의 도시 내지 지방을
가리킨다.

실정치의 경험과 비르투와 포르투나를 현실에서 이해하기 위한 사례로서 두 가문에 대한 마키아벨리의 입장과 사고는 군주론을 이해하는 핵심적인 요소 알아야 할 필요가 있기 때문이다. 따라서 성장 배경으로서 피렌체와 정치적 활동과 사상의 목적 대상이었던 메디치와 보르자 가문, 그리고 학문적으로나 사상적으로 가장 친한 벗 중 하나였던 귀치아르디니Guicciardini에 대한 간단한 설명을 통해 마키아벨리 삶의 궤적과 그의 사상 기반을 서술하고자 한다.

1) 르네상스와 근대 상업의 도시 피렌체

마키아벨리를 평가할 때 근대 정치사상가 혹은 현실 정치가를 우선으로 내세우지만, 이탈리아인들에게 마키아벨리는 역사가라는 인식과 평가가 강하다. 실제로 마키아벨리는 『피렌체사*Istorie fiorentine*』를 집필했을 정도로 피렌체에 관한 연구와 애정이 깊은 인물이다. 마키아벨리가 그토록 사랑했던 피렌체가 이탈리아 역사에서 주목받게 된 것은 중세 이후 발달하기 시작한 중세 자치도시 코무네Comune의 발전 시기였다.

10세기 이후 중세의 폐쇄적인 사회 분위기에서 탈피하면서 이탈리아반도 주요 교통 요지들을 중심으로 사람과 물자의 이동이 좀 더 활발하게 전개되었다. 피렌체는 그런 중세도시 중에서도 오래전부터 교통과 이동의 중심지 역할을 해오고 있었다. 더군다나 7세기 이후 도시 자체의 경쟁력 있는 가내 수공업의 발달 등으로 잠재적인 역량과 경쟁력을 갖춘 도시였다.

이러한 사회 분위기를 더 개방적이고 활발한 경제활동의 가능성을 상승시킨 동력과 계기는 십자군 원정이었다. 유럽에서 이슬람 세력과의 갈등과 군사적 충돌은 오랫동안 진행됐지만, 십자군 전쟁은 가톨릭과 이슬람 세력 간의 집단적인 진영 간 종교 전쟁이라는 측면에서 조금 다른 성격을 갖는다. 물론 전쟁 소집의 명분은 투르크 제국에게 위협을 받던 동로마 제국(비잔티움 제국) 황제 알렉시오스 1세에 대한 군사원조였지만, 십자군 전쟁은 유럽의 정치·사회·경제의 거의 모든 영역에서 변화를 불러일으켰다.

십자군 전쟁의 시작은 1095년 교황 우르바노 2세의 군사 소집으로 평가한다. 당시 우르바노 교황은 클레르몽 공의회에서 이슬람 원정을 위해 각 지역의 영주들에게 군사적 소환을 결정했다. 이후 9차에 걸쳐 1291년까지 진행된 십자군 전쟁은 발발 당시의 종교적 목적이 아닌 전혀 다른 영향과 결과들을 가져오게 된다.

가장 먼저 가톨릭의 종교적 지배 강화를 위한 세속적 목적이 오히려 유럽 각 지역의 왕권 강화로 나타났다. 두 번째는 동양으로부터의 선진 문물과 새로운 기술 등의 도입으로 유럽은 새로운 문명의 발전과 부활을 진행할 수 있게 되었다. 세 번째는 자급자족의 폐쇄적인 사회를 벗어나 개방적이고 상공업이 발달할 수 있는 다양한 상업도시들과 생산도시들이 조성될 수 있는 토대를 구축했다. 네 번째로는 새로운 사회계층으로서 부르주아의 등장과 성장이었다.

여기서 이들 영향 관계를 자세히 서술할 수는 없지만, 적어도 이러한 영향이 가장 잘 구현되고 새로운 문화 운동의 근거지로서 역할을 하게 된 자치도시가 바로 피렌체였다. 피렌체가 중세 이후 상업적으로나 도시 자체의 경제적 번영이 주변 도시들에 비해 훨씬 앞서 있었던 것은 아니었다. 특히 13세기 토스카나 중심 도시는 피사와 시에나였으며, 시에나의 유력한 은행가 가문들은 유럽 각국의 영주들에게까지 은행업을 확장해 막대한 부를 누리고 있었다.[1]

피렌체가 이탈리아 중세도시 중에서 주목을 받으면서 현저한

---

1) 이하 피렌체 역사에 대한 설명은 마키아벨리의 『피렌체 역사Istorie fiorentine』(2009)의 제2장을 참조해 축약한 것이다.

성장을 이룩하기 시작한 것은 13세기부터였다. 외형적인 측면에서 인구도 계속 증가해 30,000명에 이르게 된 피렌체는 상공업과 무역 그리고 은행업 등에서 두드러진 성장세를 구축했다. 지금까지 남아 있는 아르노강을 가로지르는 다리들이 건설된 것도 이 시기였으며, 피렌체 대성당 역시 건축되었다.

그러나 정치적인 역량이나 중요성 면에서는 시에나나 피사 등에 비해 그리 큰 주목을 받지는 못했다. 이러한 상황에는 황제를 지지하는 기벨린파와 교황을 지지하는 궬프파의 대립이 결정적이었고, 주변 도시들 사이에서 적절하게 줄타기하면서 평화를 유지하는 정도였다. 귀족들이 지지하는 기벨린파와 평민들이 지지하는 궬프파의 대립과 투쟁은 피렌체의 정치적 역사에서 중요한 의미를 지닌다.

피렌체를 누가 지배했느냐에 따라 기벨린파와 궬프파의 부침과 정권 유지가 결정되었는데, 1216년 두 정파가 전쟁을 시작하면서 피렌체는 격동의 시기를 보내게 되었다. 오랜 투쟁 끝에 먼저 정치권력을 장악한 것은 기벨린파였다. 1244년 이후 피렌체는 안티오크의 프리드리히 왕이 지배하였고, 이를 지지하는 기벨린파 귀족들에 의해 통치되었다. 그러나 얼마 가지 않아 궬프파에 의해 권좌에서 물러나게 되었고, 결국 궬프파가 득세했다. 궬프파가 득세했지만 권력 투쟁은 다시 두 개의 분파를 만들어 백당과 흑당으로 나뉘었다.

그러나 이 과정에서 정치권력의 속성이 현실정치 안에서 금권, 시민, 권력분립과 같은 근대적인 특징을 갖추게 되었다. 마키아벨리가 태어나면서 자란 피렌체는 그러한 정치권력이 다양한 요인들과 속성들이 복합적으로 어우러지면서 탄생한 중세도시였다. 르네상스라는 근대의 시작이 상공업과 어우러지고, 부르주아라는 제3의 신분이 부상하면서 피렌체라는 공간은 정치와 국가의 근대적 특징을 실제로 보여주는 도시국가로 성장했다.

더군다나 피렌체는 신흥 부르주아 계급이 상업과 금융업을 통해 도시의 정치권력을 좌지우지할 수 있을 정도로 성장할 수 있었던 도시였다. 피렌체가 전통적인 권력의 상징, 즉 황제와 교황이라는 낡은 대립 구도에서 벗어나 부르주아가 중심이 되고 새로운 평민 계급popolo들이 도시 통치의 주체로 떠오를 수 있게 된 것도 그러한 새로운 근대적 흐름이 만들어질 수 있었던 장점들이 펼쳐질 수 있던 공간이었기 때문이다.

13세기 이후 피렌체는 유럽을 새로운 근대로 이끌었던 르네상스의 보고였으며, 자유와 인문주의, 새로운 경제 권력으로서 부르주아라는 신흥 계급이 새로운 질서를 만들어 낼 수 있는 공간이었다. 더군다나 기존 귀족 계급이 쇠퇴하면서 부르주아와 평민들에 의한 통치가 가능한 구조를 만들 수 있었던 것도 피렌체가 개방적이고 자유로운 도시 분위기, 상업과 금융 중심의 근대 자본주의 체제로의 전환 단계에서 보여준 활력 덕분이었다. 더군다나 피렌체의 주산업이 된 상업의 활성화는 새로운 금본위제 화폐 가능성을 열어준 플로린이라는 금화에 의해서도 확인할 수 있다.

플로린이 처음 제작되어 유통된 시기는 1252년이었다. 새로운 금화로 주조된 플로린은 피렌체가 갖는 사업 도시로서의 무게감과 금화 제작에 대한 신뢰감 및 금화 자체의 안정성에 의해 플로린은 곧 피렌체를 넘어 주변 도시 국가

피렌체 플로린의 뒷면

들에서도 널리 사용되었다. 이러한 화폐의 확산은 곧 알프스를 넘어 유럽까지도 퍼져 나갔으며, 일반적인 통화 중 하나로 자리매김했다. 게다가 상공업의 진흥은 은행업이 발달하게 되었고, 주변 경쟁국들의 쇠락과 함께 토스카나와 이탈리아 상공업의 중심지로 성장하면서 근대 르네상스의 중심지가 되었다.

이러한 피렌체의 성장은 도시 자체의 커다란 번성을 가져왔고, 1987년 도시 전체가 유네스코 지정 세계인류문화유산으로 지정된 화려하고 놀라운 유적들과 건축물들이 이 시기 세워졌다. 아르놀포 디 캄비오Arnolfo Di Cambio가 설계를 맡은 아주 유명한 베키오 궁전도 이 시기에 세워졌다.[2]

피렌체의 산업 경쟁력과 번영은 13세기 후반, 절정에 다다랐으며, 1292년에 피렌체의 행정구역이 조정되면서 도시 자체의 구

[2]   13세기 전후의 피렌체 주요 시설물에 대한 소개와 당대 피렌체 상황에 관한 내용을 잘 소개하고 있는 참고 자료는 다음의 서적을 참고하시오. 김경희. 2019. 마키아벨리.(북이십일 아르테; 파주) 22-55.

조가 경쟁력 있는 구조와 체제를 갖추었다. 특히 1298년에는 유럽에서 가장 유력했던 은행업 가문 중 하나인 본시뇨리Bonsignori 가문이 파산하면서 주 활동지였던 시에나가 쇠락했다. 이는 피렌체에게 유럽 은행업의 중심지로서 확고한 위치와 역할을 부여하게 된 사건이었다. 실제로 시에나의 본시뇨리 가문의 붕괴 이후 피렌체에서 바르디Bardi, 페루치Feruzzi, 아챠이올리Acciaiuoli 가문 같은 몇몇 신흥 은행업 가문들이 부상했다.

그러나 유럽 최고의 은행업 도시라는 피렌체의 명성과 지위는 그리 오래가지 않았다. 두 가지 이유 때문이었다. 하나는 유럽 전역에 불어온 경제 침체였으며, 다른 하나는 14세기 유럽 전역을 휩쓸었던 흑사병(흔히 페스트로 명명됨)의 확산으로 경제와 사회 모든 면에서 큰 타격을 입었다. 결국 신흥 은행업 가문들도 파산하였으며, 피렌체는 중세를 넘어 라틴문화를 종결하고 세속적인 이탈리아적인 문학과 인문주의의 부활을 알리는 진원지 역할을 수행했다. 단테, 페트라르카, 보카치오 등의 이탈리아 역사에서 위대한 작가들이 탄생해 활동하였고, 이들이 사용하던 방언 토스카나어는 현대 이탈리아 표준어의 모태가 되기도 했다.

중세에서 근대로 넘어가는 전환기에 격동의 사회적 변동을 겪게 된 피렌체는 새로운 정치 현상과 체제의 격변지였다. 세속 권력과 종교 권력의 대립과 갈등 속에서 새로운 계급으로서의 부르주아의 역할과 위상, 폐쇄적인 자급자족의 경제 체계를 바꾸고 등장한 상공업과 유통업 그리고 이를 뒷받침한 은행업 등의 산업구조

전반의 변화를 실천한 공간이었다. 피렌체는 신흥 계급의 성장과 소작인들에서 노동자로 전환되었던 평민들로 인한 사회 계급의 분화, 자유라는 새로운 공기가 유입되어 시장중심의 자본주의체제로 전환되기 시작하며, 근대로 나아가는 선구자의 역할에 맞는 준비를 할 수 있었다.

특히 피렌체는 중세에서 근대로 전환되는 증표를 보여주는 여러 사건이 발생했다. 그중 가장 주목할 만한 사건의 하나는 치옴피 Ciompi난이었다. 1378년 양모업에 종사하던 하층 노동자계급이 일으킨 이 반란은 유럽의 역사에서 최초로 정치와 경제 영역에서의 사회적 충돌이라는 의미가 있다. 앞에서 서술한 대로 피렌체 지배계층의 변화는 귀족들 간의 투쟁에서 구 귀족과 신흥 부르주아, 자본가계급 간의 투쟁으로 전환되었다. 그러나 이러한 전환은 부자들과 가난한 자들의 투쟁 구도로 전환하기까지 그리 오래 걸리지 않았고, 이를 상징적으로 보여준 사건이 바로 치옴피 반란이었다. 이 사건은 기존 중세사회의 신분적 질서 변화를 보여준 상징적인 사건의 하나였다. 결국 새로운 지배계층으로 부상한 부르주아 계급들과 시민들은 피렌체를 공화정이라는 체제로 안착시킬 수 있었다.

사회 지배계층의 변화와 함께 찾아온 현상의 하나가 문화적 헤게모니의 다양한 주체의 등장이다. 중세 문화적 헤게모니를 독점하고 있던 가톨릭교회와 수사들의 독점적 지위를 허물어트린 것 역시 부르주아라는 새로운 계급이었다. 금욕과 절제를 미덕으로 평가하던 중세에 비해 르네상스는 부와 자본 그리고 자유로운 상공업 활동은 더 이상 천박하고 절제해야 할 목표나 가치가 아니었다. 상공업 활동과 은행업 등을 통해 구축한 막대한 부를 통해 사치스럽고 호화로운 정도의 건축물과 예술품들을 수집하고 만들어 내는 일에 부르주아 계급들이 몰두하게 된 것 역시 이러한 사회 변화의 흐름 덕분이었다. 결국 신흥 부자 가문들을 중심으로 예술가를 후원해 화려한 저택과 예술품 제작에 몰두하게 되었고, 교회와 함께 새로운 문화예술 창조의 주역이 되었다.

이러한 새로운 문예부흥과 문화부흥을 뒷받침하기 위해서는 절대적 사회 가치였던 가톨릭 중심의 문화와 언어를 탈피할 필요가 있었다. 가톨릭 아래 하나의 통합된 세계가 아닌 다양한 지역에 기반한 지역문화와 세속적인 사회문화의 등장이 필요했고, 이에 가장 먼저 화답한 것이 피렌체와 토스카나였다. 피렌체 방언에 기반한 토스카나 속어가 라틴어를 대체할 수 있었던 것도 그러한 이유였다. 어려운 라틴어 대신 쉽고 쓰기 쉬운 피렌체어로 시와 글을 쓰면서 교회가 아닌 피렌체인이라는 정체성과 이탈리아라는 국가적 정체성이 형성할 수 있었다. 앞에 이야기한 단테, 페트라르카, 보카치오 등이 토스카나 방언을 통해 시를 쓰고 작품 활동을 할 수 있었던 것도 이런 연유였다. 비록 이들의 세계관이나 작품에서 드러난 의식이 가톨릭 세계관을 벗어나지 못했음에도, 이들에 의해 종교에서 탈피한 새로운 세계관이나 이탈리아적인 것을 형성할 수 있는 토대가 마련될 수 있었던 것 역시 부인할 수 없는 사실이었다.

피렌체는 바로 그러한 사회의 거의 모든 영역에서의 변화를 집약적이고 다양한 측면에서 볼 수 있는 새로운 공간이었다. 이 과정에서 불거진 부정적인 현상과 상황 역시 간과할 수 없지만, 새로운 시대를 향해 나아가기 위한 불가피한 혼란과 격동이었다. 피렌체 공화국의 인민 정부 형태였던 프리모 포폴로Primo Popolo(직역하면 첫 번째 인민이지만 그 의미는 가장 중요하고 피렌체 인을 대표하는 인민부의 의미가 있으며, 연장자위원회를 비롯해 포데스타라 불리는 시장의 지위를 가지는 기구나 콘팔로니에리와 같이 군 최고 지휘관 등도 이에 포함됨)의 형성과 등장이나 이후 변화된 다양한 형태의 체제와 기구들은 인민popolo으로 통칭하는 평민 계급의 정치 참여 등은 이러한 격동의 시기를 잘 대변하는 현상이자 변화였다.

비록 1260년 새로운 형태의 통치 기관이 만들어지면서 100인 위원회Consiglio dei Cento 인민 지휘관Capitano del Popolo 등으로 체제 자체의 변화가 일어났다. 그러나 여전히 인민이 중심이 된 공화정 체제를 유지하면서 마키아벨리에게 진정한 '인민을 위한 정치'란 어떤 것인가 일깨워 준 근대 정치의 학습장이자 현장의 공간을 제공해 준 곳이 바로 피렌체였다. 이런 피렌체에서 마키아벨리에게 가장 먼저 현실정치의 실체로 다가온 이들이 바로 메디치 가문이었다.

2) 메디치 가문과 마키아벨리

이탈리아 르네상스를 대표하는 가문이자, 이 시기 유럽에서 가장 부자였던 메디치 가문의 이해는 마키아벨리가 어째서 로렌조

데 메디치Lorenzo De Medici 공에게 『군주론』을 헌사하려고 했는가를 알 수 있는 전제조건이다. 메디치라는 이름이 피렌체 역사에 본격적으로 등장한 것은 13세기였다. 앞서 서술했듯이 13세기의 피렌체는 중세와 근대가 뒤섞인 새로운 시대로 나아가려는 혼돈의 시대를 겪고 있었다.

메디치 가문에 대한 정확한 역사적 기록이나 초기 가문의 역사에 대한 기록은 거의 발견되지 않는다. 다만 메디치라는 성에서 알 수 있듯이, 오랜 기간 약이나 의약 관련 업종에 종사한 가문이라는 사실을 추정할 수 있다.[3] 이들 가문이 처음으로 기록에 나타난 시기가 1230년대 문헌이었고, 출신 지방은 피렌체 북쪽의 광활한 구릉 지역인 무겔로Mughello에서 이주했다고 전해진다. 그러나 이 시기 이미 메디치가는 이 지역에서 수많은 약재 사업에 투자하고 있었으며, 특히 독약 처방과 판매에 가장 뛰어난 가문이라고 전해진다.

피렌체로 이주한 뒤 메디치 가문은 모직물과 의약품 등 부가가치가 큰 생산품들의 교역을 통해 거대한 부를 축적했다. 14세기 초에 이르러 메디치 일가는 프랑스와 스페인과 더불어 유럽에서

---

[3]　이탈리아어로 medico는 의사(내과 의사를 일반적으로 지칭함)를 뜻하는 단어이다. 이탈리아의 경우 고대로부터 내려오는 직업이 성姓으로 발전하거나 태어난 고장이 가문의 성이 되는 경우가 많다. 이를 추정하면 메디코의 복수형인 메디치medici가 가문의 성으로 사용되었다는 것은 가족들 혹은 오랜 기간 의약이나 의술에 종사한 이들이 많다는 의미이다. 따라서 십자군전쟁과 그 이후 시기 중동으로부터 혹은 이탈리아 도 내에서 약품이나 향료 등을 취급한 상인이었거나 관련 업종에 종사했다고 추론할 수 있다. 저자 주.

가장 뛰어난 모직물 교역을 취급하는 걸출한 집단으로 성장했다. 특히 이들은 상공업을 통해 축적한 부를 은행업과 대부업을 통해 더욱 큰 재산을 축적하였고, 이를 피렌체 곳곳의 화려한 건축물 건립에 투자했다. 오늘날 전 세계에서 찾는 베키오 다리나 피티 궁 등이 이 시기 메디치가에 의해 축조된 화려한 건축물들이다.

피렌체에서 메디치 가문이 갖는 상징성은 매우 크다. 비록 메디치 가문이 가문의 부를 통해 피렌체 공화국을 통치했을지라도, 피렌체가 이탈리아반도 도시 국가에서 벗어나 르네상스와 당대 이탈리아 정치계의 가장 유력하고 강력한 중세도시가 되는데 메디치 가문의 공헌은 매우 컸기 때문이다. 실제로 메디치 가문 출신의 교황이 3명(레오 10세, 클레멘스 7세, 레오 11세)이나 배출될 정도로 세속 권력과 종교 권력에 커다란 영향을 미쳤다.

줄리아노 데 메디치 초상

교황 레오 10세(조반니 데 메디치)

메디치가의 문장

메디치 가문 중에서 특히 마키아벨리와 연관 지어 주목할 만한 이는 줄리아노 데 메디치Giuliano De Medici다. 교황 레오 10세의 동생으로 1513년 이후 피렌체를 통치하던 인물로 마키아벨리의 저작『군주론』을 헌정하고자 했던 인물이었다. 1516년 줄리아노의 갑작스런 죽음으로 인해 마키아벨리의 의도는 실현되지 못했지만, 조카인 로렌초Lorenzo 2세 우르비노 공작에게 헌정하는 데 성공했다. 비록 마키아벨리의 현실적인 정치적 야망과 공직에 대한 열망이 계기가 되어『군주론』을 집필하기는 했지만, 이탈리아반도의 통일을 이룩한 희망적인 군주로 로렌초를 상정했다. 피렌체 공화국의 발전 과정에서 메디치 가문의 부침은 피렌체 공화국 성장의 역사와 마키아벨리라는 인물의 정치적 지향점과 목적의 대상이었다는 점에서 매우 중요한 가문이었다.

실제로 피렌체 역사에서 메디치 가문이 전면에 등장하고 막대한 영향력을 행사한 시기는 60여 년 정도다. 1434년 조반니 데 메디치의 장남인 코시모 데 메디치가 비공식적인 최고권력자인 그란 마에스트로Gran Maestro의 지위에 오른 위 피렌체 공화국의 실질적인 통치자로 자리매김했다. 이후 1537년 피렌체의 초대 공작이었던 알레산드로 데 메디치Alessandro de Medici의 암살 때까지 군림했다. 수세기에 걸친 메디치가의 통치는 민란으로 국외 추방을 당해, 두 번(1494~1512년, 1527~1530년)에 걸쳐 중단된 적이 있다. 두 번의 권력 중

단기에도 불구하고 메디치 가문의 권력은 17세기까지 계속되었고, 분열된 이탈리아의 통일을 이끌 유일한 가문으로 추앙받기도 했다.

메디치 가문이 피렌체와 마키아벨리에게 영향을 끼치고 공헌을 한 영역과 부문은 두 개 정도로 정리할 수 있다. 가장 중요한 공헌과 영향력은 아무래도 재정적인 후원과 피렌체를 상공업 중심지로 만든 메디치 가문의 헌신이다. 특히 코시모는 은행업과 제조업을 기반으로 축척한 부를 예술과 문화 그리고 교회를 후원하면서 피렌체의 르네상스를 꽃피웠다. 특히 메디치가 고용한 피렌체인들이 도시의 1/3 이상이었을 정도로 이들의 영향력은 막강한 것이었다. 더군다나 메디치 가문이 운영하는 은행은 유럽을 통틀어서 가장 부유하고 훌륭한 은행이었다. 메디치 가문이 운영하였던 은행에서 눈여겨 볼만한 새로운 유형의 기술은 복식부기 시스템을 개선해 근대 은행업의 토대를 구축했다. 오늘날에도 피티궁 주변에 존재하는 수많은 소규모의 은행들은 여전히 수기 방식을 사용해 은행을 운영하고 있다.

메디치 가문에서 가장 주목할 만한 인물을 꼽자면 코시모 데 메디치와 '위대한 로렌초'의 칭호를 받는 로렌초 데 메디치다. 피렌체를 부흥시킨 국부로 추앙받던 코시모는 대부분의 피렌체 시민이 적대적으로 여겼던 시에나를 정복하면서 피렌체 시민들로부터 커다란 사랑을 받았다. 그러나 그는 자신에게 집중된 권력에 취해 공화정이던 피렌체를 금권정치로 통치하면서 토스카나 대공국을 창

건했다. 이후 토스카나 전 지역에 대한 패권을 잡게 되었지만, 이후 메디치 가문의 안정적인 권력 승계는 이루어지지 않았다. 코시모는 장자였던 피에로 데 메디치에게 권력을 물려주었지만, 피에로는 어릴 때부터 앓았던 통증과 잔병을 이겨내지 못하고 5년 만에 병사했다. 오히려 차남이었던 로렌초가 권력을 승계하면서 위대한 피렌체와 전성기의 피렌체를 구축했다.

1449년부터 약 43년간 피렌체를 통치한 로렌초 데 메디치는 피렌체를 유럽 최고의 도시로 만들었다. '위대한 로렌초'라는 칭호를 받는 로렌초는 어렸을 때부터 체계적인 후계자와 지도자의 교육을 받았기에 피렌체를 유럽 최고 상공업의 도시로 발전시킬 수 있었다. 그럼에도 그는 피렌체의 주요 귀족들과 시뇨리아Signoria들을 이권과 돈으로 매수하는 금권정치를 펼치면서 피렌체 공화국의 시민정치과 인민들에 의한 깨끗하고 투명한 정치를 이룩하지는 못했다.

더군다나 '파치 음모Congiura dei Pazzi'라 불리는 암살 사건으로 로렌초는 동생 줄리아노Giuliano de Medici를 잃게 되었다. 이 사건은 파치 가문이 주도해 피렌체의 통치자로 군림하던 메디치 가문을 전복시키고 정권을 잡기 위해 벌인 사건이다. 1478년 4월 26일 피렌체 대성당에서 미사에 참석하고 있던 메디치 가문에 대한 습격과 공격을 통해 로렌초와 줄리아노를 살해하고자 했던 암살 음모 사건이었다. 불행 중 다행인지 형 로렌초는 부상을 입었지만, 탈출에 성공해 살아남았고, 동생 줄리아노는 그 자리에서 즉사했다. 암

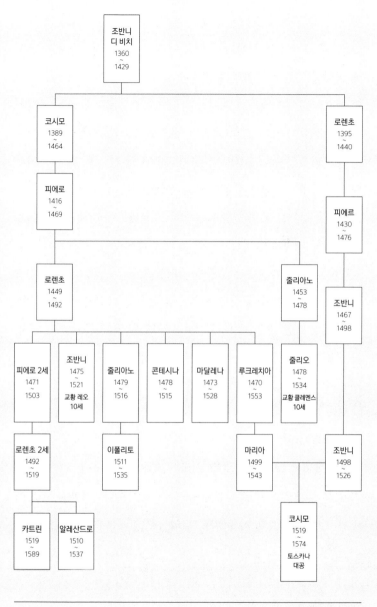

메디치 가문의 가계도

살 시행과 동시에 프렌체스코 살비아티Francesco Salviatti가 페루자Perugia 출신 용병들과 메디치가가 거주하던 시뇨리아 궁으로 진입해 메디치 가문을 멸살하려 했지만 결국은 실패했다. 이러한 암투의 배경에는 피렌체라는 도시를 둘러싸고 벌어지는 수많은 경제적 이권과 관련이 있다. 특히 메디치 가문에 상공업 관련 경제적 이권이 집중되면서 이를 둘러싼 암투가 벌어지게 된 것이었고, 파치가의 암살사건은 이러한 상황이 정점에 달했다는 것을 말한다.

정권 탈취를 위한 쿠데타는 실패로 끝났고 프란체스코Francesco를 포함한 파치 가문 주동자 5명은 체포되어 성난 군중에 의해 그 자리에서 죽는 비극적인 상황이 벌어졌다. 파치 가문의 수장인 야코포Jacopo 역시 탈출에 성공했지만, 곧 붙잡힌 뒤 화형에 처해졌다. 결국 피렌체를 건설하는데 크게 이바지했던 오랜 유력 가문 중의 하나였던 파치 가문은 피렌체에서 추방당했고, 그들의 재산은 모두 몰수당했다. 결국 파치 가문의 명칭과 문장들은 영구적으로 사용금지 조치를 당했으며 가문의 이름과 문장 등은 피렌체의 공공장소에서 사라졌다.

그렇지만 암살의 위기와 후계자 문제의 어려움에 처했던 메디치 가문은 부흥과 회생 노력에도 불구하고 가문의 영광을 오래 이어가지 못했다. 특히 파치 가문의 암살 사건에는 교황청과도 연관이 있었는데, 당시 교황이던 시스토 4세Sisto IV(재위 1471~1484)가 암살 사건을 간접적으로 지원했다. 시스토 4세가 파치가의 음모 사건을 지원한 데에는 교황의 사적인 이해관계, 다시 말해 피렌체를 교황령에 포함하려는 야망과 본인 가문의 세력 강화였다. 따라서 로렌초 데 메디치가 암살 사건 이후 이를 주도하였던 피사 대주교 프렌체스코 살비아티 추기경을 효수했다. 교황청의 대주교의 효수는 교황 시스토 4세에게 피렌체를 공략할 좋은 기회였기에 이를 명분 삼아 피렌체 도시 전체를 파문하였고, 1478~1480년까지 2년간 피렌체와 전쟁을 벌였다.

2년간의 전쟁은 메디치 가문에게는 커다란 위기였다. 로렌초 데 메디치는 전쟁의 고립과 잇따른 패배의 위기를 벗어나고자 교황령 연합군의 한 축이던 나폴리 왕국에 단신으로 방문해 전쟁을 종결하는 데 혁혁한 공을 세웠다. 피렌체를 파멸의 위기에서 구한 로렌초는 영웅으로 환대받고, 피렌체를 당대 최고의 르네상스 도시로 만들기 위해 노력했다. 수많은 재정을 쏟아붓고 미켈란젤로 등의 예술가를 후원하면서 화려하고 빛나는 르네상스의 도시로 피렌체를 부흥시켰다.

그러나 로렌초는 금융 업무나 사업에서는 무능했다. 심지어 로렌초는 은행업의 기본인 재무제표도 이해하지 못하는 금융업 총수였으며, 은행업을 통한 이익 창출에는 전혀 관심이 없었다. 은행에 저장된 돈을 문화예술과 정치권력 확대와 같은 일에만 쏟아부었다. 1472년 런던 지점을 시작으로 1478년 밀라노 지점을 비롯해 유럽 전역에 15개의 은행이 도산하기에 이르렀다. 증조부인 조반니 디 비치 데 메디치가 물려준 유럽 16개의 은행 중 피렌체 본점을 제외하고 20여 년 만에 15개의 은행이 도산한 것이다.

사업이나 이권에는 무능했지만 로렌초는 메디치 가문의 패권과 권력 유지를 위해 동생 줄리아노의 사생아 줄리오 데 메디치 Giulio de Medici 자신의 아들로 입양한 뒤 가문의 부활을 위해 노력했다. 결국 로렌초의 노력은 줄리오를 교황으로 만드는 데 성공했다. 줄리와는 교황 클레멘스 7세Clemente Ⅶ가 되었다. 그러나 로렌초가 사망하자 메디치 가문 역시 쇠퇴했다. 로렌초는 아들 피에로 2세 Piero Ⅱ에게 후계직을 물려주었지만, 피에로는 아무 것도 하지 못한 채 1494년 이후 피렌체에서 추방당했다. 이후 약 18년간 메디치 가문은 해외에서 망명생활을 했다.

메디치 가문 암살 사건 이후 벌어진 관련 주모자의 추방 과정과 결과는 마키아벨리 『군주론』의 논지와 주장의 의미를 새롭게 각인시켜 볼 수 있는 계기였다. 어째서 군주가 중요한 것인지, 권력을 획득해 유지하는 방법의 중요성, 군주의 자질이나 주변 국가들의 정치질서와 환경 등이 왜 중요한지 등에 대한 다양하고 현실적인 정치적 행동과 권력의 속성들에 대한 수많은 질문과 의문을 제시하게 된 이유를 어림짐작할 수 있었다.

페라라레 소재한 사보나롤라 동상

그럼에도 1494년 프랑스 샤를 8세의 피렌체 침공과 피에로의 항복, 사보나롤라Girolamo Savonarola(1452년 9월 21일~1498년 5월

23일)의 봉기 및 메디치 가문의 추방 등의 일련의 과정에 마키아벨리는 '위대한 로렌초'만으로는 진정한 피렌체의 독립과 공화국을 유지하는데 한계라는 점을 분명히 깨달았다. 결국 그는 『군주론』 헌정 대상과는 다른 유형의 군주와 권력자의 모습을 끄집어냈고, 그가 바로 체사레 보르자Cesare Borgia였다.

3) 체사레 보르자, 귀치아르디니 그리고 마키아벨리

마키아벨리의 『군주론』에서 가장 이상적으로 묘사하고 있는 체사레 보르자Cesare Borgia는 현실정치 영역에서 마키아벨리가 요구하고 있는 목적을 위해 수단과 방법을 가장 잘 활용하는 인물이다. 원래 보르자라는 가문은 스페인 출신의 귀족으로 르네상스 시기 이탈리아 정치계에 많은 영향을 미쳤던 가문이었다. 미국의 드라마 시리즈(The Borgias 2011~2013 시즌1, 2, 3)로도 제작되어 반영될 정도로 르네상스 시기 주요한 인물을 배출하고 가톨릭을 비롯한 정치계에 많은 영향력을 끼친 가문이다.

특히 보르자 가문 출신의 교황들이 갖는 일반적인 특징들—세속적이고 권력을 통해 부를 축적하고 신성한 사제의 인성이나 자질과는 다른 모습들—로 인해 가족 범죄집단의 전형으로 묘사될 정도였다. 이런 이유로 보르자 가문을 후대 이탈리아에 등장해 조직적인 범죄 활동을 하게 된 마피아Mafia의 기원으로 설명하기도 한다. 보르자 가문의 이해와 마키아벨리가 제시하고 있는 바람직한 군주로서 체사레 보르자를 파악한다는 것은 마키아벨리가 제시하

체사레 보르자(추기경복을 입은 초상)　　　알렉산데르 6세 교황(체사레 보르자 아버지)

는 정치권력에 대한 이해에도 중요한 일이다.

　　스페인계라는 혈통의 한계로 인해 초기 보르자 가문은 이탈리아에서 많은 어려움과 난관에 봉착했다. 이탈리아에서 가문 세력을 확산과 일정 수준 이상의 권력을 확보하기 위해서는 할 수 있는 온갖 방법을 동원할 수밖에 없었다. 보르자 가문이 주로 집중적으로 권력 창출과 확대에 노력한 영역은 가톨릭계, 특히 교황청 주변의 고위 성직자 직에 힘을 쏟았다. 1455년 교황으로 선출된 칼리스토 3세Callisto III를 시작으로 추기경과 교황들이 상당수 배출되었다.

　　보르자 가문의 영향력이 가장 강했던 시기는 절정기는 로드리고 보르자가 주교로부터 시작되어 1492년 교황 알렉산데르 6세에 즉위해 11년간 재위하였던 기간이다. 마키아벨리 역시 알렉산데르

6세를 자주 언급하였을 뿐만 아니라 그의 아들 체사레 보르자를 전형적인 군주의 유형으로 상정한 것 역시 이 시기 보르자 가문이 종교적이고 세속적인 성공과 위세 확장의 영향으로 기인한 것이기도 했다. 비록 수많은 추문과 탐욕 및 간통과 살인 등의 추악한 범죄를 저지른 것으로 비난과 반대파가 많았지만, 보르자 가문의 영향력은 16세기까지 지속되었다.

　보르자 가문의 반인륜적 범죄 혐의를 모를 리 없었던 마키아벨리가 체사레 보르자를 이상적인 군주로 칭송한 것은 어떤 이유였을까? 마키아벨리가 보르자 가문, 그중에서도 특히 체사레 보르자를 주목한 것은 체사레가 가진 강력하고 효율적인 정치적 지도력, 정치적 통찰력을 가진 인물로 평가했기 때문이다. 물론 근친상간을 비롯해 간통과 살인, 수많은 혼외자 등의 반도덕적이고 지탄받을 행위를 저지른 가문의 인물이었음에도 마키아벨리는 체사레가 가족들과 자신의 권력을 유지하고 정치권력을 형성하면서 투쟁하는 방식이 당대 이탈리아 상황에 필요한 것이라고 믿었을 것이다.

　체사레 보르자가 마키아벨리에게 중요했던 인물이자 전형적인 정치지도자로서 평가받을 수 있었던 것은 두 가지 이유였을 것이다. 하나는 유년 시절부터 추기경이었던 아버지(후일 알렉산데르 6세 교황)에 의해 의도적이고 계획적으로 교육받은 정치지도자라는 점이다. 이미 10대 중반에 주교의 직위에 올랐으며, 로렌초 데 메디치의 아들 조반니Giovanni와 피사대학에서 함께 수학하면서 교류할 정도로 정치적 리더십을 갖추고 있었다. 두 번째는 교황인 아버지를 보좌하면서 군주에 오르기 위한 외교와 군사력을 활용해야 하는 방법을 직접 체득하고 체화할 수 있는 인물이었다는 점이다. 실제로 체사레는 로마냐Romagna지방의 군주가 되기 위해 교황과 프랑스의 지원을 받기도 했다.

마키아벨리가 이러한 체사레 보르자를 이상적인 현실 군주로 평가하고 상정했다는 사실은 당대 이탈리아 상황이나 피렌체가 처한 위기와 분열을 해결할 수 있는 현실적인 정치가였다는 마키아벨리의 판단이었다. 그러나 이 시기의 당면한 진짜 위기의 요인은 그렇게 단순하거나 강력한 정치지도자의 부재만은 아니었다. 금권 정치와 귀족들의 파당 정치 등으로 인한 피렌체 공화국의 체제 유지의 어려움, 교황과 교황청의 간섭으로부터 자유롭지 않은 교회 세력들, 상공업의 쇠퇴 등으로 인한 피렌체 경제의 어려움, 주변국

프란체스코 귀이차르디니

들과의 갈등 및 프랑스를 비롯한 주변 강대국들의 침입 위협 등이 피렌체를 안전하고 지속 가능한 번영의 도시로 유지하는데 한계가 있었다.

게다가 마키아벨리의 정치적 야심이나 고위 관직에 대한 희망 등은 번번이 좌절되었다. 그런 이유 등이 복합적으로 겹치면서

마키아벨리가 초야에 묻힌 역사가이자 현실 권력을 추구하는 정치 사상가에 지나지 않게 되었다. 그럼에도 마키아벨리는 공화정 혹은 강건한 이탈리아에 대한 희망을 버리지 않고 집필 활동에 몰입했다. 그런 그에게 여전히 중요한 영향력을 끼치면서 공화정에 대한 유의미한 대화를 나눌 수 있던 벗이 바로 귀치아르디니였다.

실제로 마키아벨리 일생에서 가장 친한 동료이자 벗을 꼽는데 많은 전문가과 역사학자들은 귀치아르디니를 선택하는 데 주저하지 않는다. 귀치아르디니는 마키아벨리에게 공화정에 대한 영감을 부여하고 공화정에 대해 끊임없이 성찰하게 만든 동료이자 학자로 평가할 수 있다. 공화정이라는 주제를 놓고 보면 두 사람은 일정 부분 지향점이나 결과물이 같은 생각을 하고 있었다. 그렇지만 공화정의 주체를 두고 확연하게 두 사람의 생각은 갈라진다.

마키아벨리는 인민이 중심이 되는, 다시 말해 피렌체 민중이 주인이 되어 공화정을 이끌어나가야 한다고 생각했다. 이에 반해 귀치아르디니는 우매한 민중보다는 지식과 교양을 갖춘 귀족들에 의해 운영되

피렌체 우피치 갤러리에 있는
마키아벨리 상(위),
귀이차르디니 상(아래)

는 공화정을 주장했다. 공화정이라는 공통점 이외에는 정치적으로 너무나 다른 견해와 생각을 가졌던 두 사람이었지만 피렌체를 사랑하는 마음만은 같았다. 그러나 이들의 행적과 권력에 대한 야망 등에서의 차이는 결국 마키아벨리와 귀치아르디니의 말년과 정치 여정에 커다란 차이를 부여했다.

2. 마키아벨리의 현실정치와 실현되지 못한 정치권력

1513년 발표한 『군주론』은 마키아벨리 생전과 사후에도 여전한 논쟁을 불러일으키고 있다. 정치권력과 국가론 관련 야누스적인 이중성을 갖는 마키아벨리에 대한 평가는 마키아벨리뿐만 아니라 『군주론』에 대한 평가 역시 서구 지식사회를 갈라놓았다. 생전의 논쟁과 정치활동보다 마키아벨리 사후에 더욱 관심과 쟁점을 야기한 그의 현실정치를 향한 활동과 실현은 쉽지 않았다. 마키아벨리가 추구했던 현실권력은 삶의 구체적인 목표였음에도 궁극적으로 마키아벨리가 성취하고자 했던 정치권력 획득과 실현의 야망은 허망하게 끝나고 말았다.

마키아벨리의 현실정치에 대한 참여와 정치권력을 향한 노력과 시도는 『군주론』이라는 저서의 중요성이나 과정에 그다지 부합한 결과를 가져오지 못했다. 마키아벨리가 태어난 1469년 전후 피렌체라는 공간은 매우 복잡했다. 특히 교황과 황제 지지 여부에 따라 궬프파와 기벨린파로 나누어져 있던 파벌이 다시 흑당과 백당으로 나누어 권력 투쟁을 하던 시기였기에 올바른 정치적 식견조차 제대로 대우받기 힘든 정치적 환경에서 마키아벨리의 현실정치 역시 어려움을 겪었다.

마키아벨리가 현실정치에 뛰어든 시기는 다소 늦었다고 평가된다. 그 이유는 마키아벨리가 공직을 원했음에도 사보나롤라가 피렌체를 지배하던 시기에는 마키아벨리의 공직 신청이나 시도 자체가 쉽지 않았다. 사보나롤라 지배가 붕괴한 이후, 마키아벨리의 공직 기회도 열리게 되었다. 1498년 소데리니Soderini 공화정 체제에서 드디어 29살에 피렌체 공화정의 외교 실무 담당 제2서기장에 발탁된다. 공식적 직함은 '10인 전쟁위원회의 비서관'이었으며, 피렌체 공화국의 군대 감독기관의 통신문 처리 역할이었다.

당시 피렌체의 인구수나 공화정의 규모 등을 현재의 직책이나 직위에 비교하는 것이 적절하지는 않겠지만 고위직이라 하기에는 다소 무리가 있다. 그럼에도 마키아벨리의 직책과 역할은 전쟁이 갖는 당대 시대적 상황에서 보자면 중요했고, 더군다나 역할을 잘 수행했다. 이 시기의 공직 경험과 군 통신문에 대한 행정 경험 등은 상비군의 필요성과 군사 전술의 중요성 등을 체감하면서 1520년 줄리오 데 메디치 추기경의 의뢰로 시작된 『전쟁술L'Arte della guerra』의 토대가 되었을 것으로 추정할 수 있다.

이후 1500년 프랑스 루이 12세를 친견하는 외교사절 역할을 맡으며, 본격적인 외교관의 역할을 담당했다. 현실정치에서 직접적인 관여나 정책 수립 역할이나 임무를 수행하지는 않았지만, 해외 정보를 취합하고 요약해 전달하면서 피렌체 공화국 외교정책에 간접적 영향을 미쳤다. 이러한 외교관의 역할과 신분으로 1512년까지 피렌체 공화국을 위해 헌신했다. 마키아벨리는 공직에 있는 동안 교황청을 방문하고 주변 여러 공국과 국가들을 방문하면서 피렌체 공화국이 필요한 역량과 국력에 대한 견학과 경험을 했다. 그러나 마키아벨리가 외부에서 경험한 피렌체 공화국의 현실은 매우 부정적이었으며, 심지어 포를리와 같은 소국에서도 경멸과 조롱의 대상이 되었다는 것을 확인했다. 이러한 현실에서 피렌체에 대한 외부 평가와 경험은 마키아벨리가 어째서 『군주론』을 저술하게 되었는가를 이해할 수 있는 단초다.

외교관으로서 공직을 수행한 최초의 시기는 1500년이었다. 프랑스 국왕 루이 12세를 방문해 피렌체 공화국의 입장과 양국 관계의 현안에 대해 논의했다. 1502년에는 로마냐 지방을 점령하고 있던 체사레 보르자 군대에 외교사절로 파견되어 보르자와 당대 사

건 등에 대해 의견을 나누었다. 그러나 1503년 로마 교황청에 대사로 파견되었을 당시 체사레 보르자의 아버지인 알렉산더 6세의 죽음과 보르자의 실각을 보면서 이상적인 군주로서 체사레 보르자에 대한 고민과 새로운 군주를 다시 찾

프랑스 루이 12세　아야 하는 고민에 빠지게 되었다.

후일 마키아벨리가 집필한(1520년) 이상적 군주에 대한 전기 『카스트루초 카스트라카니 전기La vita di Castruccio Castracani da Lucca』는 그렇게 탄생했다. 이웃 경쟁국이었던 루카Lucca의 공작 카스트루초 안텔미넬리Castruccio Antelminelli의 생애를 서술한 이 책에서 마키아벨리는 루카의 공작이 14세기 귀족들을 이끌고 어떻게 기

1550년 군주론 편집본 및 카스트루치오 카스트라카니의 전기

벨린파를 지도했는가를 구체적이고 이상적으로 서술하고 있다. 마키아벨리는 이 책을 자노비 부온델모티Zanobi Buondelmonti와 루이지 알라마니Luigi Alamanni 등의 친구들에게 헌정했다.

1506년 새로운 교황 율리우스 2세의 즉위 이후 다시 교황청 대사로서 파견되어 피렌체 공화국과 교황청과의 관계 유지를 위해 노력했다. 이후 1507년 신성로마제국의 외교관으로 파견되어 1년 여 간의 활동을 하고 피렌체로 돌아왔는데, 이것이 마키아벨리의 마지막 외교관으로서의 공직이었다. 1502년부터 1510년까지의 외교관 활동은 마키아벨리에게 몇 가지 중요한 경험을 제공했을 것이다. 여러 국가의 군주들을 접하면서 군주의 자질이나 역량이 갖는 중요성을 인식했을 것이며, 국가 간의 외교 관계가 작동되는 직간접의 다양한 경험을 할 수 있었다.

소데리니 치하의 피렌체에서 공직 생활을 하던 마키아벨리에게 불행한 상황이 초래된 것은 피렌체 내부의 권력 투쟁이 아닌 스

페인과 프랑스 간의 전쟁이었다. 프랑스에 우호적 입장을 견지하던 소데리니 정권은 프랑스가 전쟁에 패배하면서 정치권력에서 물러나게 되었고, 정치권력의 복귀를 노리던 메디치 가문이 돌아오게 되었다. 1512년 메디치 가문이 피렌체를 지배하자, 공화국 체제를 찬성하는 이들이 메디치 가문의 통치를 반대하면서 쿠데타를 기획했다. 이 반란 음모에 마키아벨리가 가담되었다는 의심을 받았고, 공직 역시 박탈당했다. 게다가 마키아벨리는 구금되어 어깨를 꺾는 고문을 받기도 하였지만, 실제로 마키아벨리가 이 반란 모임에 참여하지는 않았다. 그럼에도 마키아벨리는 결국 재산이 몰수되고 막대한 벌금을 부과하는 형이 내려졌다.

불행 중 다행인지 이 과정에서 갑자기 교황 율리오 2세가 말라리아에 걸려 사망하면서 메디치 가문 출신으로 마키아벨리에게 『전쟁술L'Arte della guerra』 집필을 의뢰한 조반니 데 메디치가 교황 레오 10세가 되는 행운이 찾아왔다. 피렌체를 통치하고 있는 교황 레오 10세의 동생 줄리아노 데 메디치는 이를 기념해 대규모 사면을 실행하면서 마키아벨리도 석방될 수 있었다. 그러나 마키아벨리는 수감되며, 재산 대부분이 몰수당했기에 아버지의 유일한 재산인 산탄드레아Sant'Andrea 농장을 상속받아 사실상의 유배 생활을 시작했다.

유배 생활이 시작되던 1513년은 마키아벨리가 『군주론』 집필을 시작하면서 라틴어로 쓰인 일부 소책자를 지인들에게 읽히던 시기였다. 그런데 이 시기 마키아벨리는 공화국을 추종하는 젊은 귀족들의 모임 '오르티 오리첼라리Orti Oricellari'에 참여했다. 피렌체의 대표적 유적 중 하나인 산타 마리아 노벨라Santa Maria Novella 성당에 인접한 저택의 정원 명칭에서 시작된 모임이었다. 이 모임에는 코시모 루첼라이Cosimo Rucellai, 지노비 부온델몬티, 필립포 스트로치Pilippo Strozzi 등이 참여했고, 고대 로마의 공화정을 비롯해 공화주의를 지지하고 옹호하는 정치적 성격을 띠었다. 마키아벨리는 이들과의 교류와 토론 등을 통해 얻은 지식을 바탕으로 『로마사 논고Discorsi sopra la prima deca di Tito Livio』를 저술했다. 피렌체 공화정 체제를 위한 마키아벨리의 역작 중 하나로 추후 마키아벨리의 『군주론』과 학문적 입장에 대한 치열한 토론과 논쟁이 붙기도 한 책이다. 마키아벨리는 이 책을 코시모 루첼라이에게 헌정했다.

가택 연금 형태로 저술 활동에 전념하던 마키아벨리에게 새로운 기회를 부여한 것은 전혀 다른 영역의 집필 결과물이었다. 1518년 마키아벨리가 집필한 『만드라골라Madragola』라는 희곡을 통해 피렌체를 비롯해 이탈리아 전역에 동일 작품명으로 희극이 공연되면서 마키아벨리를 당대 가장 유명한 희곡작가로 자리매김하게 했다. 마키아벨리는 1525년에 또 다른 희곡을 집필했

서재에 있는 마키아벨리 (Stefano Ussi, 1894)

는데 『클리치아Clizia』라는 희극으로 공연되었다. 외교관이자 정치사상가로 알려진 마키아벨리가 희곡이라는 새로운 영역의 작품을 저술할 수 있었던 것은 마키아벨리 개인적인 성형과 인문학적 소양 등이 복합적으로 작용했을 것이다. 특히 어린 시절부터 책 읽기를 좋아했고, 법학을 비롯한 고대 문학과 철학 등을 공부한 마키아벨리의 인문학적 소양이 그를 당대 가장 저명한 희곡작가로 만드는 데 일조했다. 더군다나 마키아벨리가 평민 출신은 아니었지만, 그렇다고 동시대 절친이었던 귀치아르디니처럼 그란디Grandi나 노빌리Nobili로 지칭되던 전통적이고 유서 깊은 귀족 가문 출신이 아니었기에, 당대 상황을 풍자하고 해학적으로 그려내는 희곡을 집필하게 된 것 역시 우연은 아니었다.

자유롭지 않은 상황에서도 마키아벨리는 식솔들을 먹여살리기 위해 많은 일들을 동시에 할 정도로 생활이 윤택하거나 풍요롭지는 않았다. 공직에 대한 갈망은 여전했고, 피렌체라는 중세자치 국가를 이탈리아 통일의 주축 국가이자 강대국으로 만들기를 원했다. 그러나 현실정치 참여에 대한 마키아벨리의 끊임없는 구애는 아이러니하게도 『만드라골라Madragola』 희곡 작품이 출발점이었다. 마키아벨리는 자신의 명성을 적극 활용해 새로운 교황 클레멘스 7세의 신임을 얻는데 성공했고, 비록 고위직은 아니지만 성벽 공사를 총괄하는 감독관으로 임명되었다.

그러나 지독하게도 운이 따르지 않았던 마키아벨리는 성벽 감독관이라는 한직 생활을 제대로 유지하기도 전에 독일 황제 카를

5세가 용병들을 내세워 로마를 약탈하
고 교황을 포로로 삼는 엄청난 사건이
벌어졌다. 혼란한 틈이 생기자, 피렌체
에 있던 공화주의 지지자들은 금권정치
를 펼치고 있던 메디치 가문을 쫓아내
고 다시 공화정 정부를 수립했다. 공화
정이 들어서자, 마키아벨리는 다시 고
위공직에 대한 희망을 품고 피렌체 공
화국 제2서기관 선거에 도전했다. 그러

산타 크로체 성당의 마키아벨리 무덤

나 마키아벨리의 희망은 선택받지 못하고, 실망과 상심 등이 겹치
면서 병을 얻고 말았다.

　병 치료와 회복에 힘을 썼지만, 오래 가지 못해 비교적 젊은 나
이인 58세에 죽음을 맞이했다. 1527년 6월 21일 가족들이 보는 앞
에 숨을 거둔 그는 가족들이 묻힌 곳에서 생을 마감했다. 역설적으
로 그의 죽음 이후 마키아벨리의 명성과 저술의 중요성이 높게 평
가되면서 18세기에 피렌체 산타 크로체 성당으로 묘지를 이장했
다. 이러한 이장 결정에는 마키아벨리의 정치적이고 사상적인 공
헌에 대한 피렌체의 인정이 뒷받침되었고, 그의 묘비명에도 적혀
있듯이 위대한 저술가로서 그리고 정치사상가로서의 평가를 받게
되었다. 위대한 근대 정치학의 시조로 평가받는 마키아벨리의 묘
지명에는 다음과 같은 문구가 적혀있다. "그 어떤 찬사로도 부족할
만큼 위대한 이름"

제2장

마키아벨리의 저서와 정치사상

1. 마키아벨리의 현실정치 참여와 정치사상의 다면성

마키아벨리는 피렌체의 전통적인 귀족들과 달리 권력이나 부를 가진 집안 출신이 아니었다. 부친이 변호사였지만, 생활이나 수입이 넉넉하지는 않았다. 그럼에도 르네상스의 활발한 인문주의 영향을 받고 자란 덕분에 현실정치에서 다양한 직업과 역할을 통해 참여할 수 있었다. 마키아벨리의 일생을 통해 그의 직업군과 분야를 크게 나누면 일반적으로 4개 분야로 정리할 수 있다. 가장 먼저 시작한 직업이 외교관이었으며, 외교관의 역할과 경험을 토대로 권력자에게 정책과 결정을 조언하는 참모의 역할과 참여, 관직을 정리하고 반 유배 생활 속에서 이루어진 정치사상가 및 희곡작가로서의 저술가, 피렌체인들이 여전히 기억하는 역사가로서의 마키아벨리가 이들 4가지 분야다.

앞장에서 각각의 역할과 내용에 대해서는 간단하게나마 설명 했기에 다시 반복하지는 않겠다. 다만 마키아벨리의 인생 이력들 이 어떻게 자기 생각을 발전시키고 하나의 저서나 사상으로 전환 되었는가는 매우 중요하다. 비록 말단직이었지만 전투에 참여 중 인 군인들과 병사들의 행정 혹은 민원 처리용 서신을 다루는 일도 마키아벨리에게는 상비군 제도와 군대 운영의 현실적인 도움을 주 었을 것이다. 또한 프랑스를 비롯한 주변 군소 공국과 왕국에 파견 되어 해당 국가의 국가 운영과 정치권력 구조를 경험한 일 역시 군 주의 자질을 비롯해 국가가 갖춰야 할 제도나 정책들의 중요성을 인지했을 것이다. 짧지 않은 현실 참여에 대한 경험으로 마키아벨 리는 국가와 정치권력이 현실정치에서 작동하는 원리나 기본적인 방향 등을 고민하게 하였고, 이를 자신의 저서로 집약할 수 있었다. 『군주론』, 『로마사 논고』, 『전쟁술』, 『피렌체사』 등이 집필되어 자 신의 사상과 생각을 집약할 수 있었던 것 역시 이러한 현실정치 참 여로 인해 축적된 경험들이었다.

그렇다면 궁극적으로 마키아벨리가 자신의 저서와 집필 등을 통해서 추구하고 이야기하고자 했던 정치사상과 철학은 무엇이었 을까? 마키아벨리에 대한 평가가 무자비하고 정치적 악행을 두려 워하지 않는 비윤리적이고 무자비한 현실정치사상가로 시작하고 있지만, 이러한 다소 편향적인 해석이 합당한 것인가는 이론의 여 지가 있다. 여기서 이를 다루면서 『군주론』 번역문을 해석하고 싶지는 않다. 다만 종합적이고 전체적인 시각에서 마키아벨리에 대한 두 가지 관점을 간단하게 설명하고자 한다.

유럽에서도 마키아벨리를 둘러싸고 벌어지는 논쟁과 쟁점은 목적지향결과론자라는 점에서 비윤리적이고 목적지상주의자로서의 극단주의자 마키아벨리에 관해 이야기한다. 다시 말해 '목적이 수단과 방법을 정당화한다'라는 명제에 딱 들어맞는 정치사상가라고 주장한다. 다른 하나는 현실정치에서 필요한 정치권력과 국가의 속성 등을 명확하게 제시함으로써 근대 정치학을 시작할 수 있었던 현실정치가이자 근대적 성격을 가진 정치권력 분석가로 분석한다. 이외에도 유럽 국가별로 마키아벨리에 대한 해석을 지역의 특색에 맞추어 개별화해 분석하기도 한다.

더군다나 이러한 경향들 역시 앵글로색슨계 국가들이 중심인 대서양주의 국가들이냐, 혹은 프랑스나 독일과 같은 대륙 계열 국가들이 중심이 유럽중심주의 국가들이냐, 혹은 이탈리아의 시각이냐에 따라 또 다른 점들을 보인다. 흔히 앵글로색슨계 국가의 대표 국가라 할 수 있는 영국적인 시각과 연구 경향은 미국으로 이어지고 한국 사회에서 논의되는 마키아벨리 연구와 분석의 중심을 형성한다. 앵글로색슨계 국가들이 갖는 마키아벨리에 관한 기본적인 연구 경향과 기준은 자유주의자 정치사상가로서 마키아벨리를 해석하는 경향이다. 모든 연구자가 이를 추종하고 있지는 않지만, 많은 학자와 전문가들이 이러한 경향과 기준에 맞추어 마키아벨리를 해석한다. 레비 스트라우스가 주장했던 정치철학의 극단적이고 비윤리적 행동주의자로서 마키아벨리 연구에 대한 시각이 오랫동안 미국 학계를 지배했지만, 최근에는 자유주의자 행동가로서 마키아벨리에 대한 해석과 연구가 주를 이루고 있다.

유럽 대륙 계열 국가의 대표인 프랑스나 독일 역시 마키아벨리에 대한 해석이나 연구 역시 앵글로색슨계 국가들과는 다르다. 프랑스의 경우 시대에 따라 마키아벨리 해석이 달라지는 대표적인 국가의 하나로 절대왕정 시기에는 정치권력의 절대성과 군주의 자질에 대한 마키아벨리적 시각과 주장을 지지했으며, 프랑스혁명 이후 근대로 오면서 마키아벨리의 공화주의적 시각과 주장을 좀 더 부각시키는 연구와 분석이 활발하게 이루어졌다. 독일의 경우 오랫동안 국가적 통일을 이룩하지 못한 역사적 요인 등으로 마키아벨리의 극단적이고 목적지향적인 행동주의 정치사상을 지나치게 부각시킨 측면이 있다.

이탈리아의 경우가 가장 다양하고 다면적인 모습의 마키아벨리가 존재한다. 당대 마키아벨리에 대한 교황청을 비롯한 보수주의 사상가들의 악평을 시작으로 통일국가 이탈리아를 향한 마키아벨리의 현자로서의 대안 제시 등을 비롯해 이탈리아 공산당을 창당한 주역인 그람시의 '새로운 군주'를 제시한 마키아벨리에 이르기까지 온갖 층위와 다면적인 해석까지 팔색조 같은 마키아벨리 연구가 존재한다. 마키아벨리에 관한 연구는 현재까지도 극단적 행동주의자로부터 자유주의자와 민주주의 및 공화주의자로서 다양한 정치사상과 이념 등과 결합해 현대 정치학의 거의 모든 분야에 영향을 끼치고 있다.

그렇다면 일반적인 마키아벨리의 정치사상과 『군주론』을 읽고 이해하는 데 필요한 특정한 정치사상가로서 마키아벨리에 대한 이해가 필요하다. 특히 마키아벨리가 단지 『군주론』을 집필하는 것만이 아니라 다른 저서들과 작품에서 이야기하고자 했던 자신만의 생각과 철학은 무엇이었을지 자못 궁금해 진다. 마키아벨리 시대인 16세기 이탈리아 상황과 당대 피렌체를 둘러싼 정치적 배경이 필요한 이유이기도 하다.

16세기 이탈리아 피렌체는 피렌체 자체의 존속이나 국가로서의 부국강병 상태가 매우 불안정했다. 특정 가문에 의한 금권정치 혹은 공화정 체제의 유지라는 선택을 위해 피렌체 구성원들 간에서 갈등과 권력다툼에 몰입하던 시기라는 점에서 마키아벨리의 선택이나 참여는 매우 제한적일 수밖에 없었다. 마키아벨리가 기회주의적이고 수단과 방법을 가리지 않고 살아남기 위해 노력했던 것은 당대 상황이나 정치적 배경과 무관하지 않은 것이다. 이는 단지 『군주론』과 『로마사 논고』 등의 마키아벨리 저서들의 집필 시기나 내용만으로 마키아벨리를 군주론자 혹은 공화주의자라고 주장하는 것이 그다지 큰 설득력이 없는 이유이기도 하다.

현실주의적인 입장에서 당대 이탈리아 그리고 피렌체의 가장 합리적인 정체政體를 주장하면서 부국강병과 실리를 추구하는 합리적 자유주의자로서 마키아벨리를 해석하는 것이 더 적절할 것이다. 실제로 마키아벨리 사상의 다양성과 다면성은 그러한 정치적인 인생 역정에서 기인한 것이다. 그럼에도 마키아벨리 정치사상은 일정한 연계성과 일관성 및 연속성을 갖고 있다. 특히『군주론』과『로마사 논고』는 그러한 마키아벨리 정치사상을 읽어낼 수 있는 대표적인 저서이다. 다음 항에서는 이들 두 개의 저서를 중심으로 마키아벨리 정치사상의 주요 흐름과 내용을 설명하고자 한다.

2. 마키아벨리의 정치사상

영미 계열 연구가들에게 마키아벨리는 그다지 즐겁게 연구할 정치사상가는 아니었다. 근대 정치학의 시조라는 평가를 받고 있음에도 불구하고 마키아벨리가 추구하고자 했던 현실정치의 주요 요소들은 비윤리적이고 맹목적인 가치 추구라는 비난을 함께 받았다. 앞서 이야기했듯이 이러한 평가의 근거와 원인이 당대 이탈리아와 피렌체 상황을 고려해야 할 필요성이 있음에도 갑자기 정치학이라는 영역을 인간의 학문으로 수용하면서 투쟁과 갈등의 영역만을 강조한 마키아벨리에 대한 반감일 수도 있다. 이러한 점을 이해하기 위해서는 마키아벨리 이전 시대가 갖는 다소 역설적인 상황을 알아야 할 필요가 있다.

마키아벨리의 시대는 르네상스의 말기에 해당한다. 인간에 관한 연구와 인식이 어느 정도 마무리되면서 근대성을 형성하던 시기였다. 고대사회나 중세사회와 달리 인간 관심사 문제가 중심이 되었고, 신의 영역이나 종교 및 철학 등의 관념적 영역에서 현실에서 작동하는 정치권력의 영역이 중요해지면서 인간 생활의 구체적 영역으로 관심 분야가 이동되었다. 이 과정에서 피렌체와 마키아벨리가 중요한 공간과 인물이 되었다. 피렌체라고 하는 도시 공화정에서 마키아벨리라는 외교관과 저술가가 겪었던 정치적 경험과 이상을 전략과 전술이라는 구체성으로 바꾸면서 자기생각을 집약한 저서들을 집필했다. 마키아벨리는 현실정치에 참여하면서 자신이 구상하던 정치철학을 정치과학으로 이행하고자 했다. 그것이 마키아벨리 저서를 통해 시작된 근대라는 시기와 전환기의 현대 정치학이었다. 이 과정에서 마키아벨리가 제시한 주요 사상은 세 가지 정도로 집약할 수 있다.

첫 번째 출발점은 '현대 군주Il Principe moderno'로 상징되는 국가론이다. 마키아벨리가 군주론자라는 해석과 판단을 하게 되는 출발점이자 개념인 현대 군주는 마키아벨리가 이야기했던 표현에 의하면 '신군주Principe nuovo'로 표현되지만, 그람시의 표현인 '현대 군주'로 해석하는 것이 좀 더 합당할 것이다. 이에 대해서는 마키아벨리를 연구하는 학자들 간에도 의견 일치가 되지 않는 부분이지만, 마키아벨리의 국가론의 핵심적인 내용이자 개념이다. 마키아벨리가 주장하는 신군주 개념은 중세와 단절된 새로운 의미의 근대 국가를 지향해야 한다는 의미에서 새롭게 주창된 것이라 할 수 있다. 특히 새로운 군주의 근대성을 통해 당대 피렌체와 이탈리아의 근대 국가 성격을 규정하려고 했다는 점에서 마키아벨리의 현대 군주 개념은 마키아벨리 국가론의 중심 주제이자 핵심 주장이라 할 수 있다.

두 번째 정치사상의 핵심은 통치론이다. 마키아벨리 통치론에 대한 평가나 해석은 현재까지도 큰 이견이나 견해차가 크지 않은 영역이다. 군주의 자질과 통치 형태에 따른 국가의 분류, 부국강병을 위한 통치의 기본 원칙 등을 『군주론』을 비롯한 저서에서 매우 구체적으로 제시하고 있다. 더군다나 인간이 중심이 되어 종교적 구속에 얽매이지 않았으며, 당대의 가톨릭이나 시대의 정치적 상황에 집착하지 않고 현실정치에서의 정치참여와 통치행위 등을 구체적으로 다루고 있다는 점에서 당대 가장 많은 비판과 비난을 받은 영역이기도 하다. 특히 저서들이 출간된 이후, 실제로 많은 학자들로부터 반종교적이고 반가톨릭적이라는 비난을 받았다.

세 번째 정치사상은 현대에 와서 더욱 주목하고 있는 공화주의 사상이다. 일반적으로 공화주의의 의미는 시민들과 국민들이 자유와 평등을 누릴 수 있도록 하는 사상적 원칙이다. 주종 관계나 지배와 피지배라는 단선적인 구조에서 벗어나 모든 인간이 자유로운 생활과 삶을 영위할 수 있도록 하는 정치체제이기도 하다. 마키아벨리 역시 자신의 저서들, 특히 『티토 리비우스의 최초 10권에 대한 논고Discorsi sopra la prima deca di Tito Livio』에서 공화주의 시각과 사상을 집약적으로 표출하고 있다. 마키아벨리는 당대 피렌체의 자유로운 분위기 속에서 인민이 중심이 되는 공화주의 체제를 주장하고자 했다. 견제와 균형의 원칙을 지키면서 인민들의 자유의지와 의사가 정치 체제 안에서 구현될 수 있도록 하자는 마키아벨리의 주장은 아리스토텔레스 이래 일관되게 이어져 내려온 주장이다. 실제로 마키아벨리는 폴리비오스와 키케로(이탈리아어로는 치체로 Cicero; Marcus Tullius Cicero)의 공화주의 전통을 계승하고 있다. 지배자인 귀족과 인민의 정치참여를 보장하고, 국가는 공공선을 위해 통치해야 한다는 마키아벨리의 주장은 혼합정의 성격을 갖지만, 좀 더 인민의 편에 무게 중심을 싣는다. 이를 위해 마키아벨리는 이상주의적 공화주의보다는 현실정치와 권력의 속성에 적합한 현실주의적 공화주의를 이야기하고 있다.

마키아벨리는 이렇게 시작한 근대 정치학을 『군주론』을 통해 구체화했으며, 그 이후의 주요 저작들인 『티토 리비우스의 최초 10권에 대한 논고』와 『전쟁술』에서 논하고 있다. 이 세 권의 저서는 마키아벨리 정치학의 대부분을 볼 수 있는 결과물이었다. 세 권의 주요 저서에 대한 분석을 모두 한다는 것은 『군주론』 원전 번역과 해설에 초점을 맞추고 있는 본서의 기획의도에서 다소 벗어나는 일이기에 이를 다루지는 않겠다. 그러나 마키아벨리가 직접적으로 자신의 정치학적 사고와 개념들을 발전시켰으며, 가장 먼저 정치학의 방법론을 다루고 있는 『군주론』과 이후 저작 중에서 몇몇 개념과 주장은 『군주론』 해석에 중요한 의미가 있다.

이를 위해 마키아벨리 정치사상의 핵심인 근대국가 개념을 『군주론』과 『티토 리비우스의 최초 10권에 대한 논고』를 중심으로 설명하고자 한다. 그런데 마키아벨리의 대표적인 두 저서는 사상적으로나 개념적으로 다소 간의 불일치를 보인다고 평가받는다. 그러한 불일치의 의미가 무엇인가에 대해서는 많은 이들이 『군주론』에서 나타난 마키아벨리의 사상이 『티토 리비우스의 최초 10권에 대한 논고』에서 연속적으로 나타나는지, 혹은 불연속적으로 전개되는지에 따라 그 성격이 달라진다고 이야기한다.

누군가 이야기했던 우리의 사랑스런 친구까지는 아니더라도 마키아벨리는 분명 근대인에게 더욱 가까이 있었던 인물임에 틀림이 없다. 좁은 이탈리아반도를 벗어나 오랫동안 외교사절로 활동했던 전기적인 경력을 군이 거론하지 않더라도 그의 유럽 견문과 행보는 이탈리아, 아니 피렌체의 한계를 누구보다도 빨리 파악할 수 있었을 것이다. 스페인이나 프랑스와 같은 절대왕정 국가를 방문하면서 느낀 마키아벨리의 눈에 피렌체의 공화정은 오히려 비효율적이면서도 개혁해야 할 구태의 체제로 보였을 것이다.

더군다나 16세기 이탈리아는 주변의 절대 왕조들과 지역 정부의 난립으로 인해 통일이나 이탈리아반도를 한 국가로 출발해야 한다는 생각 자체가 받아들여지지 않았던 시대였다. 그러나 마키아벨리의 생각은 달랐다. 그는 단지 피렌체라는 도시국가의 공간만으로는 그가 꿈꾸어 왔던 '국가'로는 많이 부족하다고 생각했고, 더군다나 종교에 의해 정치가 좌우되고 돈에 의해 행정과 통치가 좌우되는 도시 상황에 대해 만족할 수가 없었다. 아마도 마키아벨리는 이 지점에서 자신이 그동안 보고 겪었던 외국의 견문과 경험을 통해 피렌체가 중심이 되어 새로운 절대왕정으로서 이탈리아 왕국이 건설될 수 있을 것인가에 대해 진지하게 생각했다.

마키아벨리의 고민과 사색은 정치권력과 통일왕국의 건설이라는 두 가지 주제를 방법론적으로 결합하면서 구체화 되기 시작했다. 다시 말해 이상과 현실의 적절한 조화와 방법을 구현하는 과정에서 마키아벨리의 근대성이 탄생한 것이기 때문에 그의 정치학이 오늘날까지도 정치학에서 논의되는 수많은 주제와 영역에서 그 생명력의 시작으로 평가받고 있다.

오늘이라는 시점에서도 여전히 마키아벨리즘은 정치학의 하부 연구 주제로 자리 잡고 있으며, 아울러 이를 통해 현실적 제도와 장치를 설명할 수 있는 것은 그런 이유일 것이다. 또한 이탈리아 정치학의 전통을 확립한 선구자로서 평가받고 있는 마키아벨리는 이후 전개되는 '국가이성Ragion di Stato' 논쟁과 절대주의 국가이론 등에도 막대한 영향을 끼쳤고, 20세기 초에는 새로운 국면과 상황이 필요했던 그람시에게까지 다시 호출되는 일이 발생하게 되었다. 그러나 그람시는 마키아벨리를 있는 그대로 불러낸 것이 아니라 '현대군주Il Principe moderno'라는 이름으로 사회변혁을 이끌 정당과 새로운 모습의 국가 건설을 위한 교두보를 구축하는 상징적인 모습으로 이끌어냈다. 결국 마키아벨리의 그러한 모습은 현재까지도 다른 정치사상가들이나 문화운동가들과 결합해 끊임없이 갱생되고 재생되면서 다양한 모습을 지닌 반인반수半人半獸로 그려지고 있다.

여기에서는 마키아벨리의 사상을 전반적으로 다루기보다는

그의 사상을 대표적 저서라고 평가받는 『군주론』과 『티토 리비우스의 최초 10권에 대한 논고』를 중심으로 근대 국가 개념을 통해 『군주론』 해석과 해설에 초점을 맞추어 이야기하고자 한다. 이는 현재 벌어지고 있는 한국의 정치 상황이나 최근 유럽에서 전개되고 있는 주권 논쟁 등을 비교하면서 마키아벨리라는 위대한 정치 사상가를 이해하는 단초가 될 것이다.

제3장

마키아벨리 정치학과 군주론

1. 마키아벨리 정치의 기본 개념과 출발점

정치학을 현실에 근거한 존재의 학문으로 전환시킨 마키아벨리는 자신의 사상적 출발점을 고대 그리스 사상가들에서 구하기보다는 고대 라틴계 사상가들에서 찾았다. 이는 당시 르네상스 휴머니스트들이 대부분 고대 그리스와 로마 문명에 대한 특별한 차이를 두지 않았던 것에 대해 마키아벨리의 실용적인 생각이 앞섰기 때문이었다. 마키아벨리가 라틴계 사상가들을 선호했던 것은 로마 제국을 건설하고 유지했던 로마의 많은 사상가가 가졌던 실용적 학문에 대한 영향으로 인해 현실적이고 실제적인 측면을 추구했던 마키아벨리 사상의 기본적 특징을 나타내는 것이다. 물론 마키아벨리에게 영향을 끼친 사상가들의 논의는 연구자들의 관점에 따라 다르게 나타나지만, 마키아벨리의 주요 저작들을 분석한 연구결과를 보면, 마키아벨리의 라틴계 사상가들에 대한 영향 관계를 쉽게 확인할 수 있다(진원숙 1996, 141-147).

마키아벨리가 고대 라틴계 학자들의 영향을 많이 받았다는 사실은 자기 생각과 사상을 전개하는 방법에서 당대 정치사상가들과는 다른 방식을 사용했다는 것을 의미한다. 여기에서 의미하는 방법론적 차이란 엄밀하게 법칙이나 규칙으로 정리된 과학철학 개념은 아니다. 그것은 마키아벨리가 자신의 사상을 전개하는 시각과 세계관 혹은 사물을 어떻게 바라보고 인식하는 지에 대한 학문적인 방법을 편리하게 지칭하는 개념이라 할 수 있다. 마키아벨리의 정치사상으로부터 근대 정치학이 출발했다고 평가하는 것이 일반적이지만, 이후 세상에 족적을 남긴 주요한 다른 정치사상가들인 보댕이나 홉스 등과 비교해 보면 어떤 이론적인 일관성이나 체계적인 논리를 펼치지 않았다. 그렇기에 마키아벨리를 엄밀하게 이야기해서 사회과학적인 규칙성을 갖거나 일관된 방법으로 세상을 바라보았다고 이야기하기에는 다소 애매한 면이 있다. 그렇지만 마키아벨리는 『군주론』에서 다음과 같은 글을 통해 자신의 정치사상적인 방법론을 암묵적으로 드러내고 있다.

사물의 상상을 논하기보다는 효율적인 구체적 진리를 추구하는 것이 훨씬 뜻있는 일이라고 생각한다. …… 왜냐하면 상상이란 어떻게 사는 가로부터 어떻게 살아야 하는가에 대해 너무나 격리

된 것이기 때문이다(Niccolo Machiavelli 1995, 105).

이에 더해 마키아벨리는 자신이 무언가에 관해 판단을 내리거나 평가할 때 어떤 초월적인 원리나 기준에 의해 판단하는 것이 아니라 상황과 조건 그리고 그 사물이 존재하는 현실이 판단의 기준이라는 점을 간접적으로 밝히고 있다. "모든 것이 개별적인 상황에 따라 달라지기 마련이어서 논리를 일반화할 수가 없다(『군주론』 제20장)."라는 표현은 정치가 가지고 있는 내부적인 질서와 통일성을 알고자 한다는 것이다(Kenneth W. Thompson. 1994. 35)

다시 말해, 진리란 바로 자신의 현실 속에 존재한다는 점을 명확하게 밝혔다. 이런 이유로 마키아벨리를 경험으로 살아가는 인간의 실제적인 삶을 중시했던 아리스토텔레스의 전통을 따르는 정치사상가로 평가한다. 그를 이와 같이 분류하는 것은 가톨릭이라는 종교와 관념으로부터 인간의 세속적인 삶의 영역을 주로 다루고 있던 르네상스 시기 지적 전통의 영향 때문이었다. 또한 직접적으로는 쓸데없는 사변이나 이상 및 초월적 이념 등으로는 당대 이탈리아의 문제 해결이나 상황 개선에 아무런 도움도 되지 않는다는 마키아벨리의 현실적 판단 때문이었다. 마키아벨리의 정치학에는 인간 행동의 기준이 되는 보편타당한 원리도 분명하게 규정되거나 설명할 수 있는 법칙성이 없다. 오히려 그에게 중요한 것은 그때그때의 정치적 상황과 조건에 맞는 정치적 행위를 수행할 수 있는 감각과 능력이었다.

그래서 프랑스의 철학자 알튀세는 마키아벨리의 이러한 특성에 착안해 그를 우발성의 유물론 계보로 포함한다. 알튀세는 "마키아벨리를 정세에 관한 최초의 이론가 또는 의식적인 최초의 사상가라고 말하는 것이 위험한 모험이라고 생각하지 않는다(루이 알튀세 Louis Althusser. 오덕근·김정한 역. 2001, 43쪽)."라고 주장한다. 마키아벨리는 일반적인 원리 원칙에서 출발하는 것이 아니라, 국가공동체의 존속과 유지, 그것을 가능하게 하는 팽·창을 위해서 필요한 모든 행위의 유형들을 의식적으로 앞으로 끄집어내어 위치시켰다. 그것은 외형적으로 보이는 형이상학적 원리나 윤리적인 보편성으로부터 주어지는 것이 아니라, 특정한 행위에 따라 유용한 결과가 나올 수 있다는 경험적이고, 현실적이며, 실용적인 판단에 근거한 것이었다.

이처럼 마키아벨리는 이상과 당위를 거부하고 현실과 있는 그대로를 강조함으로써, 중세 봉건적인 종교의 질서 안에서 생명력을 유지해 왔던 초월적 이념과 원칙이 갖는 우선성을 역전시켰다. 인간의 실질적인 삶에 기반 한 경험적인 현실에 더욱 관심을 갖게 하고, 현실의 가치에 우위를 두면서 현실을 직시하는 사상가로서 자리 잡았다. 그러나 당대 시대 상황에 대해 냉혹했던 강권 정치 현실을 관찰자 입장에서 적나라하게 기술하고 있다는 점에서 그의 저서들은 비판받았다. 그것은 저서의 내용이 단순한 관찰 기록 혹은 폭로성 주장에 지나지 않다는 비판이었다. 다시 말해 너무 솔직하게 정치현상을 발가벗겨 버림으로써, 때로는 감정적이거나 비논리적인 측면이 있다는 점이다. 저서의 내용과 방법을 다루는 서술 방식이 참신해 새로운 근대정치학의 지평을 연 것으로 평가받기도 하였지만, 매우 이중적이고 상반된 평가 역시 공존하고 있다.

그렇다면 어떤 면에서 마키아벨리를 현실의 정치학자로 평가할 수 있었을까? 일반적으로 사회과학에서 구조와 행위의 관계 설정은 중요한 문제이자 쟁점이다. 마키아벨리 역시 자신의 정치철학과 행위의 근거로서 결정적으로 제시하고 있는 개념과 의미가 있다. 학자들에 따라 다소 논의의 폭이 유동적이기는 하지만, 마키아벨리에게서 나타나는 행위의 기준은 '비르투virtù'와 '포르투나fortuna'다(L. Russo 1994, 167-175). '비르투'에 대한 분석과 해석은 특히 마키아벨리가 이야기하는 국가의 성격을 뒷받침한다는 의미에서 중요한 성격을 갖는다. 마키아벨리의 비르투는 그 활동 무대가 윤리나 도덕이라는 정신세계가 아닌 약육강식과 국가의 번영과 지속을 가름하는 현실 정치세계였다. 더군다나 당대 이탈리아가 주변 강대국들에 의해 핍박받고 있던 정치적 상황에서 마키아벨리로서는 포르투나fortuna를 극복하는 행위 요소로서 비르투를 더욱 강조할 수밖에 없었다.[4]

---

4) 이에 대한 마키아벨리의 글은 여러 곳에서 등장하고 있지만, 운명을 극복해야 하는 의지의 문제라는 의미에서 다음의 글이 가장 적절하다고 생각한다. "인간은 운명의 구도에 따라 부딪혀 나갈 수는 있지만 그것을 파괴할 수는 없다. 그렇다고 인간은 아주 패배한 것처럼 체념할 필요는 없다. 왜냐하면 인간은 운명의 목적을 알지 못하고 운명 또한 구부러진 미지의 길을 따라 움직이므로, 인간은 어떠한 운명이나 어떠한 고난에 처해있든지 항상 희망을 품어야 하고 절망해서는 안 되기 때문이다." 『로마사 논고』, 강정인 역, 2013, 2권 제29장 393쪽.

따라서 마키아벨리의 비르투는 목적이 아니라 일단의 덕성이 부여하는 최대의 가치를 실현하고 성취하는데 이르는 수단이자 행동양식이었다. 그러므로 마키아벨리에게 있어 "역사의 객관적 조건이 규정하는 한계는 기껏해야 '운명'의 신비로 치부될 뿐이다. 즉 정치란 장인이 만들어낼 수 있는 최대의 인간작품이었다(김홍명 1993, 47)." 물론 오랫동안 주변 국가들에 의해 침탈을 받아온 이탈리아의 역사적인 피억압적 구조가 단지 극복할 수 있는 운명에 불과하지는 않았겠지만, 마키아벨리는 이탈리아 현실 상황에 대한 처방으로 비르투를 겸비한 군주를 선택하였고, 이를 통해 국가의 보전과 유지를 희망했던 것이다.

나는 용의주도하기보다는 오히려 과단성이 좋다고 생각한다. 왜냐하면 포르투나의 신은 여신이기 때문이다. 따라서 그녀를 정복하려면 난폭하게 다루어야 할 필요가 있다. 포르투나는 냉정하게 사는 사람보다는 폭력적인 사람에게 더 유순한 것 같다. 그러나 포르투나는 여성으로서 항상 젊은이들의 친구이다. 왜냐하면 젊은이들은 덜 신중하고, 더 거칠지만, 과단성을 가지고 포르투나를 지배하기 때문이다(Niccolo Machiavelli 1995, 148).

마키아벨리는 "무자비한 미개인들의 잔학성과 횡포로부터 운명의 여신을 구할 수 있는 구세주"로서 로렌초 데 메디치를 상정하고, 이탈리아를 야만족의 지배에서 벗어나게 해주는 정의의 전쟁을 위해 신성한 무력을 동원하는 것이 인민의 희망이라고 주장한 다(Niccolo Machiavelli 1995, 152). 인간사의 방향이 이미 결정되어 있다는 숙명론적 체념의 운명관이 아니라, 인간의 힘으로 운명 따위는 충분히 극복 가능하다고 설명했다. 마키아벨리는 구조에 대한 행위의 우위를 강하게 표방한다. 마키아벨리의 이와 같은 입장은 역사해석에서도 그대로 재현되었다. 예컨대 로마의 팽창을 해석하는 데 있어서 "로마인들이 그 같은 제국을 획득하는 데 행운보다는 그들의 실력이 더 효과적"이었다는 것이다(강정인 2013, 271). 구조에 대한 인간 행위의 우위라는 강한 신념은 중세적 속박에서 벗어난 이탈리아 르네상스 인문주의의 조류와도 합치하는 것으로, 마키아벨리의 정치사상이 갖는 르네상스적인 세속성을 그대로 보여주고 있다.

이렇게 형성된 마키아벨리의 사상은 흔히 '마키아벨리즘'이라는 후대의 사가들이 명명한 하나의 이론으로 자리 잡게 되었다. 흔히 '목적을 위해서라면 어떠한 수단도 정당화된다'라는 마키아벨리의 대표적 정치적 신념으로 대표되는 문구는 많은 학자에게 마키아벨리가 주장하는 행위 정당성에 대한 근거로 제시하고 있다. 마키아벨리는 필요할 때 악惡을 인정하는 것을 주저할 필요가 없다는 것을 감추려 하지 않았으며, 더 나아가 악惡이란 필요할 때만 사용하는 것이 아니라, '인간들은 자원이 희소한 세계에서 권력과 영광을 위해 투쟁한다는 점에서 필수적이라고 주장한다.'라고 생각했다(Dante Germino 1972, 27). 어떠한 수단을 사용하든 약하고 부패한 국가를 강력하게 하려고 권력을 장악한 자를 존경했고(플라므나츠 1986, 88), 목적을 달성하기 위해서 무자비함, 배신, 살인 또는 기타 어떤 수단들을 사용하는 것도 공공연하게 승인했다(조지 세이빈·토마스 솔슨George H. Sabine·Thomas Landon Thorson 1997, 531-532).

그러나 마키아벨리의 모든 저작의 곳곳에는 앞서 이야기한 '목적을 위해서라면 어떠한 수단도 정당화된다'는 명제가 일반적인 것이 아님은 알 수 있다. 즉, 마키아벨리가 무차별적으로 정치의 비도덕성, 폭력지상주의를 주장한 것은 아니다. 그에게 있어 당면한 과제는 이탈리아에 강력한 중앙집권국가를 설립하고, 유지하며, 확장해 나가는 것이라는 사실이다. 마키아벨리에게 있어 "정의의 토대는 불의이다. 도덕성의 토대는 부도덕이다. 정권의 정당성의 토대는 부당성이나 혁명이다. 자유의 토대는 독재이다. 태초에는 폭력이 있었지, 화합이나 사랑이 있었던 것은 아니다."(레오 스트라우스Leo Strauss 1992, 453). 개인의 사적인 이익이나 한 파당의 당파적 이익이 무조건 옹호되는 것이 아니라, 자국의 군대를 갖추고, 야만족들의 침입에 맞서며, 국가의 집단적 비르투를 지키기 위해서 자연스럽게 팽창할 수 있는 국가의 이익을 옹호했다. 따라서 마키아벨리에게 있어 모든 수단이 옹호되는 유일한 목적은 국가의 창설과 보존, 그리고 건강한 보존 상태를 유지하기 위한 팽창이다.[5] 즉

---

5) 이와 관련한 여러 사상가의 서술을 살펴보자. 버어키는 마키아벨리의 주요 관심사를 안보 및 국가의 창설로 보았고(버어키, 우성대 역, 『정치사상사』, 백산서당, 1987, 187-8쪽), 세이빈과 솔슨은 '정치권력 자체의 보존 및 증대'로(세이빈 외, 같은 책, 523쪽), 스티븐 포드는 '마키아벨리에게

국가는 필요할 때에만 비도적적일 수 있는 것이지, 모든 경우에 항상 비도덕적이어서는 안 되는 것이다. 즉, "스스로를 보존하려는 군주는 선하기만 해서도 안 되며 필요에 따라서 선인도 악인도 될 줄 알아야 한다."(Niccolò Machiavelli 1995, 104-106).

마키아벨리는 도덕이나 윤리가 초월적인 힘으로 인간의 정치사를 통제하고 제어하고 있다는 신념이나 믿음을 허위의식으로 간주하고 배척하기는 하지만, 국가의 창설과 보존이라는 대의를 위해서 필요하다면 극단적인 폭력뿐만 아니라, 윤리와 도덕 역시 중요하다고 역설하고 있다. 그러나 마키아벨리는 폭력과 윤리가 같은 결과를 끌어낼 수 있는 경우라면 단연코 윤리적인 수단을 선택하고 사용할 것은 분명하다. 물론 마키아벨리의 냉정한 눈에 비친 현실은 대체로 열에 아홉은 윤리보다는 다른 수단을 통할 때보다 이득이 되는 결과가 도출되는 약육강식의 무대일 뿐이었다. 그런 이유로 마키아벨리가 윤리나 도덕에 극단적 냉소를 보내고 있기는 하지만, 질서가 잡힌 국가와 사회에서의 윤리와 도덕은 폭력이나 힘보다 중요하다고 보았다.

이는 다른 저서들에서 나타나는 입장으로 사회질서의 유지를 위한 도덕이나 윤리의 가치들을 보존하고 준수하는 것 역시 중요

있어 국가의 생존만이 정치적 행위의 본성적인 목적으로 다른 목적들의 추구는 배제된다.'고 주장하며(Steven Forde. "Crassical Realism". edited by Terry Nardin and David R. Mapel. Traditions of International Ethics. Cambridge University Press. 1992. p. 66), 케네스 톰슨은 '마키아벨리에게 있어 국가는 자신의 보존 이상의 보다 더 고귀한 목적이나 정신적인 목표를 가지고 있지 않다'라고 주장한다(Kenneth W. Thompson, ivi, p. 66.).

하다는 견해를 마키아벨리는 표명하고 있다. 바로 이와 같은 역할을 하는 제도로서 마키아벨리가 거론하고 있는 것이 종교와 법률 등이다. 물론 마키아벨리는 종교에 대해서 상당히 비판적이었지만, 그렇다고 해서 종교 자체까지 부정한 것이 아니었다. 당시 이탈리아 중앙집권국가의 수립에 있어서 로마교회는 "이탈리아를 장악할 만큼 강력하지도 못했고 다른 세력이 장악하는 것을 용납할 만큼 허약하지도 않았기 때문에 교회야말로 이 나라가 하나의 우두머리 밑에 통합될 수 없게 만든 장본인"이었다(강정인 124). 강력한 중앙집권적 국가의 수립을 염원하던 마키아벨리에게 있어 로마교회는 반反통일세력이었을 뿐이었고, 반드시 극복해야 할 목적이자 대상이었다. 그러나 이러한 로마교회에 대한 비판이 종교 일반에 대한 부정으로 이어지지는 않는다. 톰슨Thompson은 이를 다음과 같이 이야기한다. "종교에 대한 그의 적대감은 이탈리아 통일의 노정에 장애물인 교회에 집중되었다."(K. Thompson, 65) 다만 가톨릭에 대한 무조건적인 믿음이라는 중세적 종교관과는 전적으로 분리된 것이라는 점에서, 마키아벨리에게 있어서 종교란 국가의 이익에 철저히 종속될 때만 필요할 뿐만 아니라 필수적이었다.[6]

따라서 마키아벨리에게도 종교는 중요한 사회적 가치판단과

---

[6]   이와 관련한 여러 사상가의 서술을 살펴보면, 로베르토 리돌피는 "마키아벨리는 종교를 국가, 즉 인간을 위한 수단으로 보기를 원하고 있다"(로베르토 리돌피R Ridolfi, 곽차섭 역, 『마키아벨리 평전』, 아카넷, 2000, 30쪽)고 말하고, 버어키는 마키아벨리가 '종교를 통해 국민들을 경건하게 만들 수 있기 때문에 통치자들은 자국 내에 종교가 창설되는 것을 적극적으로 지원해야 한다.'라고 주장했다고 서술한다.

행위의 기준이었지만, 이전의 사상가들과 달리 종교의 사회적이고 정치적 역할에 더욱 커다란 의미를 부여했다. 그런 의미에서 보자면 종교의 순수성이나 신앙의 기능보다는 정치와 사회에 기여할 수 있는 현실적인 역할에 대해 강조했다는 점이 마키아벨리 종교관의 특징이라 할 것이다. 종교가 정치와 동등한 입장을 취하는 것조차 어려웠던 당시에 마키아벨리는 누구보다도 먼저 종교를 정치적 수단의 하나로 전락시켜 버렸다. 마키아벨리가 보기에 종교 역시 현실정치를 발전시키고 정치를 강화하는 데 이바지해야 할 공공의 이익을 증진하는 요소의 하나로 축소했다.

바로 이런 이유로 인해 마키아벨리는 로마의 창시자인 로물루스보다 종교의 창시자인 누마Numa Pompilius를 더 칭송했다. 특히 누마가 창시한 로마의 종교가 로마인들에게 우수한 법률제도, 위대한 정신, 육체적 강건 등을 누리게 한 것에 주목했다(『티토 리비우스의 최초 10권에 대한 논고』, 1권 제11장과 제13장). 이와 함께 주요한 사회적 기능을 담당하는 제도로서 마키아벨리가 『티토 리비우스의 최초 10권에 대한 논고』 전반에 걸쳐 제시하고 있는 것이 법률이다. 마키아벨리가 보기에 법률은 종교의 사회적 기능과 마찬가지로 인간이 질서를 유지하는 강제성을 제공하며, 강력한 군대를 제공하는 제도였다. 이는 마키아벨리가 법률을 궁극적으로 개인적인 비르투를 통해 대중으로 발전되며, 대중이라는 집합적인 대상에 대한 시민적인 비르투를 유지하는 데 필수적 제도로 보았던 이유이다.

이외에도 마키아벨리의 사상은 다양한 형태를 띠고 전개되고 있다. 근대 국가의 절대적 요소 중의 하나인 국민군에 관한 주장이나, 국가 구성요소로서 사회 계급에 근거한 귀족 대 인민이라는 구분법 등은 다시 한번 다루어야 할 주제로서 중요한 것들이라 할 수 있다. 결국 마키아벨리의 의도는 당시 이탈리아의 상황을 분석하면서 최선의 현실적 방책과 해결책을 제시하고 이를 실제 정치에 적용하려는 것이었고, 자신의 저작 속에 제시하고 있는 수많은 개념과 논지들은 자신의 논리를 정당화하고 현실적 제도로 활용하기 위한 시도라고 볼 수 있는 것이다.

2. 마키아벨리 군주론의 쟁점과 현대적 해석

마키아벨리 정치사상의 핵심으로 평가받는 『군주론』은 마키아벨리에 대한 긍정적인 평가와 부정적인 평가를 함께 담고 있는 저서이다. 특히 『군주론』을 통해 마키아벨리즘이라는 정치학의 신조어가 탄생할 정도로 『군주론』이 갖는 학문적 의의는 매우 크다. 강정인은 디에츠Dietz의 주장을 빌려 『군주론』에 대해 다음의 4가지 해석을 이야기하고 있다. 첫째, 『군주론』을 마키아벨리 정치사상의 일탈로 보는 입장이다. 두 번째, 마키아벨리가 『군주론』을 집필할 당시에도 여전히 공화주의자로서 메디치 가문의 지배에 반대했고, 공화주의적 관념을 옹호했다는 해석이다. 셋째, 『군주론』에서 옹호되는 군주정을 공화정으로 이행하기 위한 준비단계로 보는 입장이다. 넷째, 『군주론』의 집필 의도 자체가 공화주의적인 것으로 평가하는 것으로 두 번째 해석과의 차이는 『군주론』 자체를 당시 군주의 잔인성과 기만성을 폭로하기 위한 것이었다는 점이다(강정인 22-23).

특히 초기 마키아벨리에 관한 연구는 주로 『군주론』을 통해 전개될 정도로 마키아벨리 사상을 집약하고 대표하는 저서였다. 그러나 동시에 『군주론』이 갖는 부정적이고 단편적인 면은 마키아벨리 사상에 대한 이해가 제대로 전달되지 않았다. 그럼에도 불구하고 『군주론』을 어떤 관점에서 또 어떤 목적에서 서술하였던가를 설명하고 이해하는 것은 마키아벨리에 대한 정확한 평가의 기준이 된다는 점에서 중요하다.

일반적으로 『군주론』의 서술 동기를 논할 때 제기되는 해석은 두 가지다. 첫째는 『군주론』을 메디치 가문에게 헌정하기 위한 정부 형태에 관한 연구서였다는 해석이다. 이 해석에 따르면 마키아벨리가 당대 현실에서 독재를 불사한 절대군주정 설립이야말로 메디치가 선택할 수 있는 최선의 정부 형태로 강조한다고 밝히고 있다. 둘째는 마키아벨리가 그토록 옹호하던 공화정을 주장함과 동시에 새롭게 등장한 메디치가의 독재를 반대하기 위해 쓴 풍자적 연구서라는 해석이다.

마키아벨리 시대는 마키아벨리 저작들이 금서목록에 올랐을 정도로 반기독교적이자 반성직자적이었기에 당연히 논의가 진행되지는 않았지만, 일반적으로 『군주론』을 부정적 의미에서 절대군주를 위한 교과서로 이해했다. 그러나 16세기에 들어서면서 보댕Boding을 비롯한 일단의 정치사상가들은 마키아벨리의 공화주의적 측면을 중시하고 마키아벨리를 공화론자로 평가하는 경향이 발생하기 시작했다. 이후 젠틸리Gentilli를 필두로 루소를 비롯한 계몽주의 사상가들에 의해 확산했으며, 스피노자Spinoiza에 의해서 전통적인 부정평가를 탈피해 새로운 모습으로 마키아벨리를 평가하는 시대를 열었다.

볼테르나 기타 계몽주의 사상가들에게 우호적 평가를 받던 마키아벨리의 모습은 헤르더Herder에 와서는 『군주론』이 시대적 산물로서 정치서일 뿐이라는 견해로 발전되었으며, 헤겔 역시 이와 유사한 입장을 보였다. 그 외에도 현대로 내려오면서 메팅리Mattiongly나 바론Baron과 같은 이들은 『군주론』을 공화주의 옹호를 위한 반독재 풍자서라고 해석하고 있다. 상기한 바와 같은 이탈리아 외부에서의 평가에 반해 이탈리아 내부적으로 마키아벨리의 논쟁은 '국가이성' 문제와 관련해 전개되는데, 마키아벨리가 부도덕의 대명사로 오소리오J. Osorio와 폴리티A. Politi 등에 의해 부정적 평가를 받으면서 시작된 국가의 문제는 더욱 확장된 개념으로 '국가이성Ragion di Stato'이라는 표현으로 정착하게 되었고, 이를 가장 먼저 이론화한 이가 바로 보테로Botero였다.

이후 프라체타G. Frachetta를 시작으로 암미라토S. Ammirato, 스폰토네C. Spontone, 보나벤투라F. Bonaventura, 까노니에리P. A. Canonieri, 주콜로L. Zuccolo, 세탈라L. Settala, 치아라티S. Chiaramonti 등으로 이어졌다.

또한 좀 더 다른 방향에서 마키아벨리를 해석하는 이탈리아 학자들이 등장하였는데, 이들 중 대표적인 이들이 16세기의 보칼리니T. Boccalini, 17세기의 말베치V. Malvezzi와 아체토T. Acetto, 18세기에는 비코G. Vico 등이 있었고, 19세기에는 알피에리 포스콜리A. Foscolo나 쿠오코Cuocco, 데 상티스De Santis 등이 마키아벨리에 대해 새로운 해석의 기준을 제공했다. 20세기에 들어서는 크로체Croce와 그람쉬Gramsci가 자신의 사상적 기준에 의해 마키아벨리를 해석하고 있다(곽차섭 1996, 65-137/189-256; Federico Chabod 1984, 99-135). 두 개의 해석 모두 나름대로의 근거를 가지고 있기 때문에 일방적으로 한쪽 편을 들기 어려운 점이 있다.

예컨대 메디치가를 위해 『군주론』을 썼다는 측면에서 보면, 일단 헌정사에서 분명히 밝혔듯이 대상을 메디치가의 줄리아노Giuliano에게 헌정하려고 했다가 다시 로렌초 데 메디치로 한정하고 있다는 점이다. 더군다나 제26장에서 서술하고 있는 피렌체의 구원과 천년왕국에 대한 기원 등을 표현이나, 경제적 궁핍을 해소하기 위한 방책과 메디치가에 봉사하는 관리가 되고자 애쓰고 있다는 점 등을 강조하고 있다. 이에 반해 반대적 입장에서는 8장과 18장의 역설적 예를 들고 있으며, 단지 초반의 공화주의적 기조를 메디치 왕가의 복귀라는 역사적 사건으로 유보했다.고 보는 것이다(진원숙 261-282).

그렇다면 이와 같은 관점에서 볼 때, 『군주론』에서 논의하고자 하는 것은 다음과 같은 사항들로 정리할 수 있을 것이다. 국가의 종류와 정체의 유형, 군주와 국민의 관계, 국가의 보존과 권력 형성, 이를 뒷받침하는 정치철학과 원리 등을 전반적으로 논하고 있다. 여기서 논의되고 있는 주제의 중심에는 대개 '군주'라는 주체가 자리하고 있다. 특히『군주론』이 집필되던 시기의 군주란 곧 국가와 동일시되던 개념으로 이해될 수 있다. 결국 마키아벨리가 주장한 군주에 대한 논의는 '국가'에 대한 논의로 볼 수 있는 것이다.

마키아벨리는『군주론』의 전반부(제1장부터 제14장까지)에서는 '국가'에 대한 분류와 형태 등에서 고대적이고 중세적인 전통을 그대로 답습하는 것처럼 보임으로써 고대와 중세의 시각에서 벗어나지 못하고 있다. 그러나 후반부부터 시작되는 장에서 권력의 획득과 유지를 위한 실제적이고 현실적인 방법론 기술과 제안을 전개하고 있다는 점이다. 결국 고대나 중세 그리고 자신과 비슷한 시기를 살았던 당대 정치사상가들의 한계를 마키아벨리가 분명히 뛰어넘었다고 평가할 수 있다.

다시 말해, 기존 중세의 시각에 갇혀있는 정치서들의 일반적 특징인 국가나 정치권력의 정당성을 논의하거나 그러한 정당성을 입증하려는 의도로 기술하지 않고 있다. 국가의 형성에 필요한 정치권력 자체의 정당성을 인정하고, 이를 획득하고 보전하는 문제를 다루고 있다는 점에서 기존 정치서들과는 상당한 차이를 보인다.『군주론』에서 제시하고 있는 역사적 실례들은 마키아벨리 시대 이전에서 구한 것이었고, 그러한 사례들을 정당화하거나 이론화하지 않았던 마키아벨리의 국가이론은 충분히 근대적인 성격이었다. 특히 후반부(제15장에서부터 제25장까지)에서 보이는 국가에 대한 통치술L'arte dello Sato을 서술하고 있는 부분은 더욱 근대적인 정신이 두드러진다. 마키아벨리는 이 부분에서 군주의 권력 획득과 유지에 국한해 국가를 설명하고 있는 것이 아니라 인간세계에 적용될 수 있는 정치적이고 철학적인 원칙과 기준을 보편적으로 제시하고 있다. 국민국가의 등장을 연상하는 이러한 마키아벨리의 사상은 『군주론』을 통해 충분하게 근대성을 드러내는 것이다.

그렇다면 근대국가 개념과 관련해 마키아벨리가 『군주론』에서 구체적으로 전개하고 있는 논의들은 어떤 것들일까? 먼저 국가의 형태를 선택하는 문제(제1장에서 제11장), 군주와 군대의 관계(제12장에서 제14장), 군주와 국민의 관계(제9장, 제10장, 제15장에서 제23장까지), 군주의 자질과 임무(제14장에서 제19장), 국가권력을 유지하고 보존하는 방법과 원칙(제20장에서 제25장까지) 등이 가장 먼저 근대 국가와 밀접하게 관련이 있는 내용들이다.

이와 같은 『군주론』의 구성에서 가장 핵심이 되는 대상은 새로운 군주Il Signore o Principe nuovo였다. 마키아벨리는 『군주론』 곳곳에서 '새로운 군주'의 유형을 논하고 있다. 그런데 여기서 한 가지 재미있는 사실은 그가 제시하는 '신군주'의 유형들이다. 마키아벨리는 이미 존재하던 국가에서 새롭게 등장한 군주이거나, 밀라노의 스포르차Sforza로 대표되는 무력에 의해 국가권력을 찬탈한 군주, 시라쿠사의 아가토클레스Agathocles로 대표되는 무자비한 폭군과 같은 유형, 용병이나 외국군에 의해 권력을 획득한 군주, 공화국이라는 형태에 의해 등장한 군주들 모두 새로운 군주의 유형에 포함했다. 이는 마키아벨리에게 '신군주'라는 개념은 단지 군주라는 개인에 국한된 것이 아니라 '새로운 국가Lo Stato nuovo'를 의미하며, 새로운 국가에 맞는 새로운 질서를 구축하고자 하는 열망을 담고 있다고 해석할 수 있는 것이다.

새로운 국가의 등장에 따라 필요한 새로운 질서를 유지하고 보존하는 것이야말로 군주의 덕목이었고, 이를 대표하는 것이 바로 '비르투'였다. 『군주론』에는 '비르투'라는 단어가 그 형용사와 부사형을 포함해 모두 70회에 걸쳐 등장한다. 가장 빈번하게 등장하는 제6장(자신의 무력과 비르투를 통해 획득한 새로운 군주들에 대해 De' principati nuovi che s'aquistano con l'arme proprie e virtuosamente)과 제8장(흉악한 행위에 의해 군주가 된 사람들에 대해 Di quelli che per scelleratezze sono prevenuti al principato)의 경우에 '비르투'는 보다 분명하고 종합적인 의미를 갖는다.

그것은 첫째, 국가를 세우려고 하는 신군주는 군대, 힘, 포르투나, 악덕과 함께 비르투도 소유해야 한다고 이야기하고 있으며, 둘째, 국가를 보존하기 위해서 군대와 함께 소유해야 할 것으로 비르투를 들고 있고, 셋째 운명(또는 행운)이나 외국군대에 의해 국가권력을 장악한 군주 역시 갖추어야 할 덕목으로 비르투를 들고 있다. 즉, 마키아벨리는 비르투를 정치권력을 획득해 국가를 설립하고 이를 보전하며 유지하는 데 필수적 요소를 뜻하는 용어로 해석하고 있다.

마키아벨리가 이와 같은 인물의 전형으로 제시하고 있는 이는 바로 체사레 보르자이다. 보르자야말로 마키아벨리가 제시하고 있는 비르투를 구체적 실현하고 있는 인물이었다. 마키아벨리가 살았던 시대, 거의 모든 피렌체인이 싫어했던 보르자를 마키아벨리가 그토록 숭상하고 찬양했던 동기는 단순하다. 보르자가 모세나, 로물루스 또는 고대에 대제국을 건설한 영웅이거나 특별히 군사적 지략이나 능력이 뛰어난 인물이어서가 아니라, 새로운 군주로서 필요하고 갖추어야 할 실제적인 덕목을 갖춘 인물이었기 때문이었다. 보르자는 위엄이나 술수 또는 비도덕적 행위로 반대 세력과 적을 제압하는 능력과 기술이 뛰어났으며, 그것은 곧 비르투의 덕목이라고 마키아벨리는 생각했다.

또한 보르자가 용병이나 외국군에 의지하지 않고 국민군을 조성해 전쟁에서 승리했다.는 사실에 주목했다. 근대 시민들의 충성과 민주적 자질을 토대로 근대국가의 주요 기반이었던 국민군 제도를 창출한 보르자에게 새로운 시대에 적합한 신군주의 전형을 마키아벨리는 보았다. 특히 보르자의 아버지는 교황이었기에, 아버지를 충분히 활용해 자신에게 최대하게 유리한 정치적 환경을 조성하는 데에도 보르자는 탁월한 능력이 있었다. 결국 자신이 소유한 모든 여건과 재능 및 수단을 적절하게 이용해 세속적인 성공을 거두었다는 점에 마키아벨리는 주목했다. 마키아벨리는 이러한 보르자로부터 비르투를 최대한 적용하면서 자신에게 주어진 포르투나(운명)를 극복한 전형적인 새로운 군주의 모습을 찾아내었다.

결론적으로 마키아벨리의 『군주론』은 근대 국가를 열망하고, 새로운 질서의 사회를 만들어 내는데 필요한 조건과 행동 그리고 그러한 행동을 가능하게 하는 혁명가로서 '신군주'를 다루고 있다. 이러한 출발점과 사상적인 유사성은 근대 국가의 시작 과정에서 군주라는 개념을 통해 정체polity의 문제, 국민개병제에 기반한 군대 문제, 이를 위해 계급 구분을 통한 국민국가의 정당성 부여 문제, 귀족과 민중의 이분법적 계급대립 구조, 국가 내부의 사회적 제도로서 종교와 법률의 상정 문제 등은 마키아벨리가 추구하고자 했던 근대 국가 개념이 논리적으로나 이론적으로 시대를 뛰어넘는 생명력을 갖게 했다.

참고문헌

갈상돈, 2011, "정치리더십과 마키아벨리의 네체시타(necessità)", 『정치사상연구』 17(1): 105-132

곽차섭, 1996, 『마키아벨리즘과 근대국가의 이념』, 현상과인식, 65-137

곽차섭, 1996, 『마키아벨리즘과 근대국가의 이념』, 현상과인식, 189-256

곽차섭, 2017, "아가토클레스의 비르투와 마키아벨리적 윤리의 복잡성", 『서양사론』 135: 108-132

김경희, 2011, "'독존'에서 '공존'으로: 마키아벨리 『군주론』 해석에 대한 일고찰", 『한국정치연구』 20(1): 47-69

김경희, 2014, "마키아벨리의 비르투 재생전략 연구: 우모리와 행동양식을 중심으로", 『한국정치학회보』 48(4): 117-134

김욱, 2003, 『마키아벨리즘으로 읽는 한국헌정사』, 책세상

김종법, 2004, "『군주론』과 『로마사 논고』에 나타난 마키아벨리의 근대국가 개념의 차이성 및 동질성 연구", 『이탈리아어문학』 14(14)

리돌피, 로베르토, 2000, 『마키아벨리 평전』, 곽차섭 옮김, 아카넷

마이네케, 프리드리히, 1990, 『국가권력의 이념사』, 이광주 옮김, 민음사

마키아벨리, 니콜로, 2003, 『로마사 논고』, 강정인·김경희 옮김, 한길사

마키아벨리, 니콜로, 2008, 『군주론』, 강정인·김경희 옮김, 까치

마키아벨리, 니콜로, 2014, 『니콜로 마키아벨리, 군주론』, 박상훈 옮김, 후마니타스

박상섭, 1998, "Virtù의 개념을 중심으로 본 마키아벨리의 정치사상 연구", 『국제문제연구』 22(1)

박성호, 2019, "마키아벨리와 한비자의 통치론 비교: 『군주론』과 『한비자』를 중심으로", 『철학연구』 149(1): 185-211

박의경, 2016, "마키아벨리에 나타난 비르투의 정치와 포르투나의 가능성: 〈만드라골라〉와 〈클리찌아〉를 중심으로", 『민주주의와 인권』 16(2): 549-576

버어키, R. N., 1987, 『정치사상사』, 우성대 옮김, 백산서당, 187(8)

보카치오, 조반니, 2012, 『데카메론』 1, 2, 3, 박상진 옮김, 민음사

세이빈, 조지·솔슨, 토머스, 1997, 『정치사상사』 1, 성유보·차남희 옮김, 한길사, 531(2)

세이빈, 조지·솔슨, 토머스, 『정치권력 자체의 보존 및 증대』, 백산서당, 523

스트라우스, 레오·크랍시, 조셉, 1992, 『서양정치철학사』 1, 김영수 옮김, 인간사랑, 453

이종철, 2011, "마키아벨리와 "근대성"의 문제 -그의 『군주론』을 중심으로-", (30): 281-305

진원숙, 1996, 『마키아벨리와 국가이성』, 신서원, 141-147

진원숙, 1996, 『마키아벨리와 국가이성』, 신서원, 255-286

커리, 패트릭, 2007, 『마키아벨리』, 김영사

플라므나츠, J., 1986, 『정치사상사』, 김홍명 옮김, 풀빛, 88

화이트, 스튜어트, 2016, 『평등이란 무엇인가』, 강정인·권도혁 옮김, 까치

Balaban, Oded, 1990, "The Human Origins of Fortuna in Machiavelli's Thought", *History of Political Thought*, 11(1): 21-36

Cassirer, Ernst, 1946, *The Myth of the State*, Yale University Press

Chabod, Federico, 1984, *Scritti su Machiavelli*, Reprints Einaudi, Torino, 99-135

Cioffari, Vincenzo, 1947, "The Function of Fortune in Dante, Boccaccio, Machiavelli", *Italica* 24(1): 1-13

Diderot, D., 1876, *Oeuvres Complètes[Complete Works]*, 16

Flanagan, Thomas, 1972, *The Political Calculus: Essays on Machiavelli's Philosophy*, University of Toronto Press, 127-156

Forde, Steven, 1992, *Traditions of International Ethics*, edited by Terry Nardin and David R. Mapel, Cambridge University Press, 66

Foucault, Michel, 1981, *The Tanner Lectures on Human Values*, University of Utah Press, 2

Geerken, John H., 1970, "Homer's Image of the Hero in Machiavelli: A Comparison of Areté and Virtù", *Italian Quarterly*, 14: 45-90

Germino, Dante, 1972, *Machiavelli to Marx: Modern Western Political Thought*,

The University of Chicago Press, 27

Gilbert, Felix, 1951, "On Machiavelli's Idea of Virtu", *Renaissance News* 4: 53-55

Grazia, S. de., 1994, *Machiavelli in Hell*, Vintage

Hannaford, I., 1972, "Machiavelli's Concept of Virtù in the Prince and the Discourses Reconsidered", *Political Studies* 20: 185-189

Kahn, Victoria, 1986, "Virtù and the Example of Agathocles in Machiavelli's Prince", *Representation*, 13: 63-83

Laven, David, 1995, *The French Descent into Renaissance Italy 1494-95: Antecedents and Effects*, Variorum, 355-369

Machiavelli, Niccolò, 1965, *Machiavelli, The Chief Works and Others*, Duke University Press, 2: 745-749

Machiavelli, Niccolò, 1965, *Machiavelli, The Chief Works and Others*, Duke University Press, 2: 750-772

Machiavelli, Niccolò, 1988, *Florentine Histories*, Princeton University Press

Machiavelli, Niccolò, 1908, *The Prince*, The University of Adelaide Library

Machiavelli, Niccolò, 1996, *Discourses on Livy*, University of Chicago Press

Machiavelli, Niccolò, 1998, *Florentine Histories*, Princeton University Press

Machiavelli, Niccolò, 1998, *The Prince*, The University of Chicago Press

Machiavelli, Niccolò, 2005, *The Prince*, Oxoford University Press

Machiavelli, Niccolò, 1995, *Il Principe*, Fabbri Editori, Milano, 15(105)

Machiavelli, Niccolò, 2013, *Istorie fiorentine*, www.liberliber.it

Mattingly, Garrett, 1958, "Machiavelli's Prince: Political Science or Political Satire?", *The American Scholar*

Münkler, Herfried, 1994, "Politikwissenschaft als kritische Theorie; Festschrift für Kurt Lenk", *Nomos Verlag*, 97-107

Münkler, Herfried, 2016, *Contingentia: Transformationen des Zufalls*, De Gruyter, 305-326

Najemy, John. M., 1993, *Between Friends, Discourses of Power and Desire in the Machiavelli-Vettori Letters of 1513-1515*, Princeton University Press

Nederman, Cary J., 1999, "Amazing Grace: Fortune, God and Free Will in Machiavelli's Thought", *Journal of the History of Ideas*, 60(4): 617-638

Nederman, Cary J., 2000, "Machiavelli and Moral Character: Principality, Republic and The Psychology of Virtù", *History of Political Thought*, 21: 349-364

Orr, Robert, 1972, *Machiavelli and the Nature of Political Thought*, Atheneum, 185-208

Osborne, Thomas, 2017, "Machiavelli and the liberalism of fear", *History of the Human Sciences*, 30(5)

Pitkin, Hanna Fenichel, 1984, *Fortune Is a Woman: Gender and Politics in the Thought of Niccolo Machiavelli*, University of California Press

Pocock, J. G. A., 1975, *The Machiavellian Moment*, Princeton University Press

Price, Russell, 1973, "The Senses of Virtù in Machiavelli", *European Studies Review* 3: 315-345

Reichert, Klaus, 1985, *Fortuna oder die Beständigkeit des Wechsels*, Suhrkamp

Rousseau, J. J., 1997, *The Social Contract*, Cambridge University Press

Russo, L., 1994, *Machiavelli*, Laterza, Roma-Bari, 167-175

Russo, L., 1994, *Machiavelli*, Laterza, Roma-Bari, 234-270

Strauss, Leo, 1958, *Thoughts on Machiavelli*, University of Chicago Press

Strauss, Leo, 1969, *Thoughts on Machiavelli*, University of Washington Press

Tarlton, Charles D., 1968, "The Symbolism of Redemption and the Exorcism of Fortune in Machiavelli's Prince", *Review of Politics*, 30: 332-348

Tarlton, Charles D., 1999, "Fortuna and the Landscape of Action in Machiavelli's Prince", *New Literary History*, 30(4): 737-755

Thompson, Kenneth W., 1994, *Fathers of International Thought: The Legacy of Political Theory*, Louisiana State University Press, 35

Walzer, M., 1977, *Just and Unjust Wars*, Basic Books

Whitfield, J. H., 1943, "The Anatomy of Virtu", *The Modern Language Review*, 38: 222-225

Williams, B., 1981, *his Moral Luck*, Cambridge University Press

Wood, Neal, 1967, "Machiavelli's Concept of Virtù Reconsidered", *Political Studies*, 15: 159-172

군주론

근대 국가를 규정할 새로운 군주의 탄생

1판 1쇄 인쇄 2024년 6월 4일
1판 1쇄 발행 2024년 6월 21일

지은이 니콜로 마키아벨리
번역·해설 김종법
펴낸이 김영곤
펴낸곳 (주)북이십일 아르테

TF팀 이사 신승철
TF팀 이종배
출판마케팅영업본부장 한충희
마케팅1팀 남정한 한경화 김신우 강효원
출판영업팀 최명열 김다운 권채영 김도연
제작팀 이영민 권경민
진행·디자인 다함미디어 | 함성주 유예지

출판등록 2000년 5월 6일 제406-2003-061호
주소 (10881) 경기도 파주시 회동길 201(문발동)
대표전화 031-955-2100 **팩스** 031-955-2151 **이메일** book21@book21.co.kr

ISBN 979-11-7117-619-9 03910